EL ARTE DE LA HAMBURGUESA

100 recetas para mejorar la comida favorita de Estados Unidos

Julian Torres

Material con derechos de autor ©2024

Reservados todos los derechos

Ninguna parte de este libro puede usarse ni transmitirse de ninguna forma ni por ningún medio sin el debido consentimiento por escrito del editor y del propietario de los derechos de autor, excepto las breves citas utilizadas en una reseña. Este libro no debe considerarse un sustituto del asesoramiento médico, legal o de otro tipo profesional.

TABLA DE CONTENIDO

TABLA DE CONTENIDO..3
INTRODUCCIÓN..7
HAMBURGUESA DE AVE...9
1. HAMBURGUESA DE POLLO DESMENUZADA CON SAL Y VINAGRE 10
2. HAMBURGUESA DE POLLO PORTUGUESA...........................13
3. HARISSA HAMBURGUESA DE POLLO CON SUERO DE LECHE........17
4. HAMBURGUESAS DE PAVO JALAPEÑO CON SALSA COTIJA..........20
5. HAMBURGUESA DE PAVO CON RICOTA Y ALBAHACA..................23
6. HAMBURGUESAS DE PAVO FETA..25
7. HAMBURGUESA DE POLLO CON MANTEQUILLA DE MADRÁS.......27
8. PILA DE POLLO ASADO..30
9. HAMBURGUESAS GRIEGAS DE PAVO CON QUESO FETA..............32
10. HAMBURGUESA DE POLLO BÚFALO..34
11. HAMBURGUESA DE PAVO Y ARÁNDANOS....................................36
12. HAMBURGUESA DE POLLO AL PESTO...38
13. HAMBURGUESA DE PAVO CON ESPINACAS Y QUESO FETA.......40
HAMBURGUESA DE CARNE..42
14. EL MONTO COMPLETO HAMBURGUESA......................................43
15. HAMBURGUESAS QUATTRO FORMAGGI CARGADAS..................46
16. HAMBURGUESAS DE PECHUGA DE RES......................................49
17. HAMBURGUESAS DE CHAMPIÑONES Y CARNE CON MAYONESA DE CHIPOTLE..53
18. HAMBURGUESA DE PECHUGA COREANA Y KIMCHI...................56
19. HAMBURGUESAS CON QUESO BBQ HAVARTI............................59
20. HAMBURGUESA CON SALSA TERIYAKI.......................................62
21. HAMBURGUESAS CON QUESO Y VINO TINTO............................65
22. DE TERNERA, RICOTA Y ESPINACAS..68
23. HASH BROWN Y CHUCK BURGER..70
24. HAMBURGUESA BLACK ANGUS CON QUESO CHEDDAR............72
25. HAMBURGUESA WAGYU..74
26. HAMBURGUESA DE BISTEC NEGRA Y AZUL...............................76
27. HAMBURGUESA DE FILETE...79
28. HAMBURGUESAS DE TERNERA CON PROVOLONE Y PEPINILLOS 81

29. HAMBURGUESA DE DESAYUNO CON MICROGREENS DE COL RIZADA..84
30. HAMBURGUESAS CARIBEÑAS DE CARNE CON SALSA DE MANGO 87
HAMBURGUESA DE CORDERO..89
31. HAMBURGUESAS DE CORDERO CON QUESO FETA Y MENTA.....90
32. HAMBURGUESAS MARROQUÍES DE CORDERO Y HARISSA.........93
33. HAMBURGUESAS DE CORDERO CON MOZZARELLA Y PEPINO...96
34. HAMBURGUESA MEDITERRÁNEA DE CORDERO........................99
35. HAMBURGUESA PICANTE DE CORDERO HARISSA....................101
36. HAMBURGUESA DE CORDERO GRIEGA.................................103
37. HAMBURGUESA DE CORDERO DEL MEDIO ORIENTE..............105
38. HAMBURGUESA DE CORDERO CON HIERBAS.......................107
39. HAMBURGUESA INDIA DE CORDERO CON ESPECIAS..............109
40. HAMBURGUESA DE CORDERO DE INSPIRACIÓN ITALIANA......111
41. HAMBURGUESA DE CORDERO DE INSPIRACIÓN ASIÁTICA......113
HAMBURGUESAS DE CERDO..115
42. HAMBURGUESAS DE CHORIZO...116
43. HAMBURGUESA DE CERDO Y TERNERA CON ALIOLI..............119
44. DESLIZADORES DE CERDO DESMENUZADO KAHLUA..............123
45. HAMBURGUESA CRUJIENTE DE TOCINO Y HUEVO.................126
46. HAMBURGUESAS CON QUESO Y SALSA DE PEPINOS ENCURTIDOS 128
47. HAMBURGUESA DE CERDO TERIYAKI...................................131
48. HAMBURGUESA DE CERDO CON MANZANA Y SALVIA..............133
49. HAMBURGUESA DE CERDO CON JALAPEÑO Y QUESO CHEDDAR 135
50. HAMBURGUESA DE CERDO AL ESTILO ITALIANO....................137
51. HAMBURGUESA DE CERDO CON TOCINO Y ARCE..................139
52. HAMBURGUESA DE CERDO TERIYAKI Y PIÑA.........................141
53. HAMBURGUESA MEDITERRÁNEA DE CERDO..........................143
54. HAMBURGUESA DE CERDO CON SALVIA Y MANZANA.............145
HAMBURGUESA DE PESCADO Y MARISCOS......................147
55. HAMBURGUESAS DE PESCADO DESMENUZADO DEL VIERNES POR LA NOCHE...148

56. HAMBURGUESAS DE PESCADO REBOZADAS CON CERVEZA Y ENSALADA TÁRTARA..................151
57. HAMBURGUESA DE PESCADO TEMPURA..................154
58. HAMBURGUESA DE FILETE DE PESCADO..................157
59. HAMBURGUESAS DE BACALAO..................159
60. HAMBURGUESAS DE PESCADO DE INSPIRACIÓN ASIÁTICA......162
61. HAMBURGUESA DE SALMÓN DEL PESCADOR DE LA SUERTE...165
HAMBURGUESAS DE FRUTAS..................168
62. HAMBURGUESA DE POLLO CON MELOCOTÓN Y BRIE..............169
63. HAMBURGUESA DE FRIJOLES NEGROS Y MANGO..................171
64. HAMBURGUESA DE TERNERA CON PERA Y QUESO AZUL..........174
65. HAMBURGUESA DE MELOCOTÓN A LA PARRILLA Y QUESO DE CABRA..................176
66. HAMBURGUESA DE TERNERA CON QUESO DE CABRA Y ARÁNDANOS..................178
HAMBURGUESA VEGETARIANA..................180
67. HAMBURGUESA DE BATATA PARA LA RESACA..................181
68. HAMBURGUESAS DE CALABAZA Y HALOUMI..................184
69. HAMBURGUESAS HALOUMI HASH CON ALIOLI DE COL RIZADA 187
70. HAMBURGUESAS DE BUÑUELOS DE CALABACÍN..................190
71. HAMBURGUESAS DE CHAMPIÑONES EN ESCABECHE Y HALOUMI 194
72. HAMBURGUESAS DE BERENJENA EN TEMPURA..................197
73. HAMBURGUESA DE AGUACATE A LA PARRILLA CON FRIJOLES MARINADOS..................200
74. HAMBURGUESAS VEGETALES DE AGUACATE..................203
75. HAMBURGUESA AL PESTO DE CHAMPIÑONES..................205
76. HAMBURGUESA DE CHAMPIÑONES PORTOBELLO..................207
77. HAMBURGUESA DE CALABACÍN Y GARBANZOS..................209
78. HAMBURGUESA DE CAMOTE Y QUINUA..................212
79. HAMBURGUESA DE TOFU Y CHAMPIÑONES..................214
80. HAMBURGUESAS DE NUECES Y VERDURAS..................216
81. HAMBURGUESA DE SETAS SILVESTRES..................218
HAMBURGUESAS DE LEGUMBRES Y GRANOS..................220
82. HAMBURGUESAS DE GARBANZOS VIBRANTES..................221

83. HAMBURGUESA CAJÚN DE FRIJOLES NEGROS..........................224
84. HAMBURGUESA DE LENTEJAS Y NUECES................................228
85. HAMBURGUESA DE FRIJOLES NEGROS SANTA FE....................230
86. HAMBURGUESAS DE ARROZ CON LENTEJAS............................232
87. HAMBURGUESA DE FRIJOL MUNGO CON ACEITUNAS..............234
88. HAMBURGUESA DE FRIJOLES NEGROS CON QUESO CHEDDAR Y CEBOLLA...236
89. HAMBURGUESA DE QUINUA Y BONIATO................................239
90. DE LENTEJAS Y ARROZ..242
91. HAMBURGUESA DE LLUVIA Y QUESO...244
92. SÁNDWICH DE QUINUA ROJA DE DOS PISOS........................246
HAMBURGUESAS RELLENAS..249
93. HAMBURGUESA RELLENA DE QUESO AZUL Y ESPINACAS........250
94. HAMBURGUESAS DE GUACAMOLE RELLENAS DE QUESO DE CABRA..253
95. HAMBURGUESAS RELLENAS DE TOCINO CON QUESO PIMIENTO 257
96. HAMBURGUESAS DE SALCHICHA RELLENAS DE GUACAMOLE Y TOCINO...261
97. HAMBURGUESAS RELLENAS DE QUESO AZUL Y TOCINO..........263
98. HAMBURGUESAS GRIEGAS RELLENAS DE FETA CON TZATZIKI. 266
99. HAMBURGUESAS RELLENAS DE CHAMPIÑONES......................269
100. HAMBURGUESAS RELLENAS DE CEBOLLA CARAMELIZADA....272
CONCLUSIÓN..275

INTRODUCCIÓN

Bienvenido a "El arte de la hamburguesa: 100 recetas para llevar la comida favorita de Estados Unidos a la perfección". Las hamburguesas, con sus jugosas hamburguesas, sabrosos aderezos y panecillos esponjosos, son una parte esencial de la cocina estadounidense. En este libro de cocina, te invitamos a explorar el arte de hacer hamburguesas, descubriendo 100 deliciosas recetas que llevarán tu juego de hamburguesas a nuevas alturas y satisfarán tu antojo por esta querida comida reconfortante.

La hamburguesa es más que una simple comida; es un lienzo para la creatividad culinaria y la expresión personal. En este libro de cocina, profundizaremos en los elementos que hacen una gran hamburguesa, desde seleccionar los mejores cortes de carne hasta dominar el arte de condimentar, asar y preparar. Ya sea que prefiera sus hamburguesas clásicas y simples o cargadas con aderezos y salsas gourmet, encontrará mucha inspiración en estas páginas.

Cada receta de este libro de cocina está elaborada con cuidado y atención al detalle, asegurando que cada bocado sea una sinfonía de sabores y texturas que te dejará con ganas de más. Desde hamburguesas clásicas de carne hasta creaciones creativas con pollo, pavo, pescado e ingredientes vegetarianos, hay una hamburguesa para cada gusto y preferencia dietética.

Con instrucciones claras, consejos útiles y fotografías impresionantes, "El arte de la hamburguesa" facilita la creación de hamburguesas con calidad de restaurante en la comodidad de su propia cocina. Ya sea que esté asando al aire libre, cocinando en el interior o encendiendo la estufa, estas recetas seguramente impresionarán y deleitarán con cada bocado.

HAMBURGUESA DE AVE

1. Hamburguesa de pollo desmenuzada con sal y vinagre

INGREDIENTES:
- 4 panecillos blancos, cortados por la mitad
- ⅓ taza de mayonesa de chile
- 8 hojas de lechuga mantecosa
- 8 rebanadas de queso cheddar añejo fuerte
- 2 tomates maduros
- ½ cebolla morada pequeña, cortada en rodajas finas
- 4 pepinillos encurtidos enteros, rebanados

PARA EL POLLO DESMIGADO:
- 2 pechugas de pollo
- ½ taza de vinagre de manzana
- 1 cucharada de mostaza Dijon
- 100 g de chips de sal y vinagre
- 1 ½ tazas de pan rallado panko
- 2 cucharadas de semillas de sésamo
- ⅓ taza de harina común
- 2 huevos, ligeramente batidos
- Aceite vegetal para freír

INSTRUCCIONES:
PREPARAR EL POLLO DESMIGADO:
a) Corta cada pechuga de pollo horizontalmente para crear 4 trozos finos. Colócalas en un bol con el vinagre de manzana, la mostaza de Dijon, ½ cucharadita de sal en escamas y pimienta negra recién molida. Mezcle para cubrir y deje marinar durante 20 minutos.

PREPARAR EL RECUBRIMIENTO:
b) Coloque las chispas de sal y vinagre en un procesador de alimentos pequeño y presione hasta que queden trituradas. Transfiérelos a un tazón mediano y agrega el pan rallado panko y las semillas de sésamo. Deja esta

mezcla a un lado. Coloque la harina común en un plato y los huevos batidos en un recipiente aparte.

CUBRA EL POLLO:

c) Con unas pinzas y trabajando pieza por pieza, retire el pollo de la marinada, cúbralo con harina, sumérjalo en los huevos batidos y luego presiónelo en la mezcla de pan rallado para cubrirlo bien. Coloque los trozos de pollo rebozados en un plato. Repita este proceso para el pollo restante.

FREÍR EL POLLO:

d) Calienta aproximadamente 1 cm de aceite vegetal en una sartén grande a fuego medio-alto. Agrega los trozos de pollo y cocina durante 3-4 minutos por cada lado o hasta que se doren y estén bien cocidos.

e) Cubra cada pieza con una rebanada de queso cheddar y cocine por 30 segundos más o hasta que el queso se derrita un poco. Transfiera el pollo cocido a un plato forrado con toallas de papel para escurrir el exceso de aceite.

MONTAR LAS HAMBURGUESAS:

f) Corta los panecillos por la mitad y unta mayonesa de chile en las mitades inferiores. Cubra cada mitad inferior con lechuga, rodajas de tomate, pollo crujiente, rodajas de cebolla morada y rodajas de pepinillo. Cubra con la otra mitad del panecillo para crear una hamburguesa. ¡Servir y disfrutar!

2. hamburguesa de pollo portuguesa

INGREDIENTES:
PARA LOS BOLLOS DE LECHE:
- 2 cucharadas de harina común
- ½ taza de pan rallado fino
- ½ cucharadita de pimentón ahumado
- 3 pechugas de pollo grandes o 5 pequeñas
- ⅓ taza de aceite de girasol
- ⅔ taza de mayonesa
- 4 rebanadas de queso gouda o provolone
- 1 ½ tazas de lechuga iceberg, rallada

PARA EL PAN DE LECHE:
- ¾ taza de leche, tibia
- 7 g de levadura seca en sobre
- 2 cucharadas de azúcar en polvo
- 300 g de harina panificable o normal, más un poco si es necesario
- 50 g de mantequilla sin sal picada, blanda
- 1 yema de huevo combinada con 1 cucharada de agua
- 2 cucharaditas de semillas de sésamo

PARA LA SALSA PERI PERI:
- ⅓ taza de aceite de oliva virgen extra
- 2 cucharadas de azúcar en polvo
- ⅓ taza de vinagre de vino tinto
- 10 chiles ojo de pájaro, 8 sin semillas
- 4 dientes de ajo
- 20 g de jengibre
- Ralladura y pulpa de 1 limón
- 1 cucharadita de pimentón ahumado
- Pizca de sal

INSTRUCCIONES:
PARA LOS BOLLOS DE LECHE:

a) Coloque la leche tibia, la levadura y el azúcar en el tazón de una batidora y déjela reposar durante 5 minutos hasta que esté espumosa. Agregue la harina con 1 cucharadita de sal y use el gancho para masa para mezclar hasta que quede suave y elástico.

b) Con el motor en marcha, agregue la mantequilla y mezcle durante 6-8 minutos hasta que esté combinada y suave.

c) Agregue un poco más de harina si es necesario para unir la mezcla. Transfiera la masa a un recipiente engrasado y déjela reposar durante 1 hora en un lugar cálido para que repose.

d) Dividir la masa en 5 trozos y, con las manos enharinadas, formar bolitas. Colóquelo en una bandeja forrada y reserve por 40 minutos más o hasta que duplique su tamaño.

e) Precalienta el horno a 180°C. Combine la yema de huevo con 1 cucharada de agua y unte los panecillos, luego espolvoree con semillas de sésamo. Hornee por 10 minutos o hasta que estén inflados y dorados. (Al hornear, tira un poco de agua al fondo del horno para crear vapor, esto ayudará a que se forme una ligera costra en el pan).

PARA LA SALSA PERI PERI:

f) Coloque todos los ingredientes en un procesador de alimentos pequeño y procese hasta que estén finamente picados.

g) Transfiera la mezcla a una cacerola a fuego medio y revuelva durante 6-8 minutos o hasta que espese. Retire del fuego y deje enfriar.

PARA EL POLLO:

h) Combine la harina, el pan rallado, el pimentón y 1 cucharadita de sal en un bol. Dejar de lado. Corta las pechugas de pollo horizontalmente en rodajas de 1 cm de grosor. Coloque cada pieza entre 2 trozos de papel para hornear y golpéela para aplanarla ligeramente, luego cubra ligeramente cada rebanada con la mezcla de harina.

i) Calienta 2 cucharadas de aceite en una sartén grande a fuego medio-alto. En tandas, cocine el pollo durante 2 minutos por cada lado, presionando con una espátula hasta que esté dorado, bien cocido y comenzando a carbonizarse.

j) Agregue aceite adicional si es necesario. Transfiera a un plato.

ASAMBLEA:

k) Divida los panecillos y luego unte la base con mayonesa. Cubra con lechuga rallada y luego dos rebanadas de pollo. Rocíe sobre la salsa peri peri y cubra con queso. Unta la tapa del panecillo de leche con más mayonesa y salsa peri peri y colócalo encima de la hamburguesa.

l) Servir inmediatamente.

3. Harissa Hamburguesa de pollo con suero de leche

INGREDIENTES:
- 1 taza (250 ml) de suero de leche
- 2 cucharadas de harissa
- Jugo de 1 limón
- 4 muslos de pollo grandes (de unos 200 g cada uno)
- 1 taza (150 g) de harina común
- 1/4 taza (35 g) de harina de maíz
- 1 cucharadita de ajo en polvo
- 1 cucharadita de cilantro molido
- 1 cucharadita de zumaque
- 1 pepino libanés, cortado en rodajas finas transversalmente (usando una mandolina)
- 1 cucharadita de azúcar en polvo
- 1/2 taza (125 ml) de mayonesa de huevo entero
- Aceite de girasol, para freír
- 1 lechuga mantecosa, con las hojas separadas
- 4 panes de hamburguesa grandes, cortados por la mitad y ligeramente tostados

INSTRUCCIONES:
MARINAR EL POLLO:
a) En un tazón, mezcle el suero de leche, 1 cucharada de harissa, la mitad del jugo de limón y 3 cucharaditas de sal en escamas. Agregue los muslos de pollo, déles la vuelta para cubrirlos y colóquelos en el refrigerador para marinar durante 30 minutos (o incluso durante la noche).

b) En otro tazón, combine la harina, la maicena, el ajo en polvo, el cilantro molido, el zumaque, 2 cucharaditas de sal en escamas y 1/2 cucharadita de pimienta negra molida. Dejar de lado.

HAGA PEPINO ENCURTIDO:

c) En un recipiente aparte, combine el pepino, el jugo de limón restante, el azúcar y 1/2 cucharadita de sal en escamas. Deje reposar durante 15 minutos para que se encurta ligeramente.

PREPARAR LA MAYONESA HARISSA:
d) Combine la mayonesa y la cucharada restante de harissa en un tazón pequeño.
e) Llene hasta la mitad una freidora o una cacerola grande con aceite de girasol y caliéntela a 170°C (un cubo de pan se dorará después de 20 segundos). En dos tandas, retire el pollo del suero de leche y colóquelo en la mezcla de harina, volteándolo para cubrirlo. Freír durante 7 minutos o hasta que estén crujientes y bien cocidos. Escurrir sobre una toalla de papel y cubrir sin apretar con papel de aluminio mientras cocinas el pollo restante.

MONTAR LAS HAMBURGUESAS:
f) Unte los lados cortados de los panecillos con mayonesa harissa. Cubra las mitades inferiores con lechuga, pepino escurrido y pollo frito. Sándwich con las mitades superiores.
g) ¡Disfruta de tus hamburguesas crujientes de suero de leche y pollo Harissa!

4. Hamburguesas De Pavo Jalapeño Con Salsa Cotija

INGREDIENTES:
- 1 libra de pechuga de pavo molida (99% magra)
- ½ cebolla amarilla mediana, picada
- 1 jalapeño, finamente picado (sin semillas ni nervaduras)
- 2 cucharaditas de comino
- 1½ cucharadita de chile en polvo
- ½ cucharadita de ajo en polvo
- ¼ cucharadita de sal
- ¼ cucharadita de pimienta
- 4 mazorcas de maíz
- 1 cucharada de aceite de oliva
- ½ taza de cebolla morada picada
- ⅓ taza de cilantro picado
- Jugo de 2 limas
- ½ taza de queso cotija desmenuzado
- ¼ cucharadita de sal
- ¼ cucharadita de pimienta
- Bollos integrales (tostados si se desea)
- Lechuga Bibb para cubrir
- aguacate para cubrir

INSTRUCCIONES:

a) En un tazón mediano, combine el pavo molido, la cebolla amarilla picada, el jalapeño finamente picado, el comino, el chile en polvo, el ajo en polvo, la sal y la pimienta. Mezcla los ingredientes con las manos y dales forma de cuatro hamburguesas del mismo tamaño.

b) Unte las mazorcas de maíz con aceite de oliva y condimente ligeramente con sal y pimienta. Reserva el maíz.

c) Precalienta tu parrilla o sartén a fuego medio-alto. Ase las hamburguesas de pavo durante unos 4-5 minutos por lado o hasta que estén bien cocidas. Mientras asas las hamburguesas, también puedes asar el maíz, volteándolos aproximadamente cada minuto para obtener una cocción uniforme.

d) Para hacer la salsa, corte los granos de maíz asados de la mazorca y colóquelos en un tazón mediano. Agrega la cebolla morada picada, el cilantro picado, el jugo de limón, el queso cotija desmenuzado, la sal y la pimienta. Revuelve todo junto. Pruebe y ajuste el condimento si es necesario, agregando más jugo de limón si lo desea.

e) Arma las hamburguesas colocando cada hamburguesa de pavo en un panecillo. Cubra con lechuga bibb, rodajas de aguacate y una cucharada generosa de salsa cotija de maíz asado.

f) ¡Sirve tus deliciosas Hamburguesas de Pavo Jalapeño con Salsa Cotija de Maíz Asado y Aguacate! ¡Disfrutar!

5. Hamburguesa De Pavo Con Ricota Y Albahaca

INGREDIENTES:
- 1 libra de pavo molido
- 1 taza de queso ricota
- $\frac{1}{2}$ taza de albahaca fresca picada
- $\frac{1}{2}$ cucharadita de ajo en polvo
- Sal y pimienta
- Panes de hamburguesa y aderezos de tu elección.

INSTRUCCIONES:
a) Precalienta tu parrilla o sartén a fuego medio-alto.
b) En un tazón, combine el pavo molido, el queso ricotta, la albahaca picada, el ajo en polvo, la sal y la pimienta.
c) Mezclar bien y formar 4 hamburguesas del mismo tamaño.
d) Asa las hamburguesas durante 4-5 minutos por cada lado o hasta que estén cocidas a tu gusto.
e) Tuesta los panes de hamburguesa a la parrilla.
f) Arme las hamburguesas con los ingredientes que desee.
g) Servir y disfrutar.

6. Hamburguesas De Pavo Feta

INGREDIENTES:
- 8 onzas de pechuga de pavo molida
- 1½ cucharadas de aceite de oliva virgen extra
- 2 dientes de ajo rallados
- 2 cucharaditas de orégano fresco, picado
- ½ cucharadita de hojuelas de pimiento rojo, trituradas
- Sal, según sea necesario
- ¼ de taza de queso feta, desmenuzado

INSTRUCCIONES:
a) En un tazón grande, agregue todos los ingredientes excepto el queso feta y mezcle hasta que estén bien combinados.
b) Haga 2 hamburguesas (de ½ pulgada de grosor) con la mezcla.
c) Presione el botón AIR OVEN MODE del horno freidora de aire digital y gire el dial para seleccionar el modo "Air Fry".
d) Presione el botón TIEMPO/REBANADAS y gire nuevamente el dial para configurar el tiempo de cocción en 15 minutos.
e) Ahora presione el botón TEMP/SHADE y gire el dial para ajustar la temperatura a 360 °F.
f) Presione el botón "Iniciar/Parar" para comenzar.
g) Cuando la unidad emita un pitido para indicar que está precalentada, abra la puerta del horno.
h) Coloque las hamburguesas en la canasta para freír engrasada e introdúzcalas en el horno.
i) Voltee las hamburguesas de pavo una vez a la mitad.
j) Cuando se complete el tiempo de cocción, abra la puerta del horno y sirva caliente con la cobertura de queso feta.

7. Hamburguesa de pollo con mantequilla de Madrás

INGREDIENTES:

- 2 (aproximadamente 500 g) de pechugas de pollo, cortadas en cubos de 1 cm
- 1 cucharada de curry de Madrás caliente en polvo
- 1 cucharada de semillas de nigella
- 60 g de mantequilla sin sal, picada y blanda
- 6 panecillos blancos pequeños para hamburguesa o panecillos
- 2 cucharadas de chutney de mango, más extra para servir
- ½ taza (140 g) de yogur griego
- ½ cabeza de lechuga mantecosa, con las hojas separadas
- hojas de cilantro, para servir
- Chile verde largo en rodajas finas (opcional), para servir
- Gajos de lima, para servir

INSTRUCCIONES:

a) Forrar una bandeja con papel de horno y colocar los aros de huevo en la bandeja preparada. Coloque el pollo, el curry en polvo, las semillas de nigella y la mantequilla en un tazón y revuelva hasta que el pollo esté bien cubierto. Divida la mezcla de pollo de manera uniforme entre los aros de huevo y enfríe durante 2 horas o hasta que las hamburguesas estén cocidas.

b) Calienta una sartén antiadherente a fuego medio-alto. Agregue las hamburguesas a los aros de huevo y cocine por 4 minutos o hasta que estén doradas.

c) Voltee las hamburguesas y los aros y cocine por 4 minutos más o hasta que las hamburguesas estén bien cocidas. Retirar de los aros y reservar, cubierto sin apretar con papel de aluminio.

d) Divida los panecillos y esparza la salsa picante sobre las bases y el yogur sobre las tapas. Cubra cada base con lechuga y una hamburguesa de pollo. Espolvorea con cilantro y chile, si lo usas, y sazona.

e) Cubra las hamburguesas con tapas de pan y sírvalas con chutney de mango adicional y rodajas de lima.

8. Pila de pollo asado

INGREDIENTES:
- 8 onzas de ensalada de col rallada
- Lata de 8 onzas de trocitos de piña, escurridos
- $\frac{1}{2}$ taza de aderezo de ensalada de col
- 1 taza de salsa barbacoa
- $\frac{1}{2}$ cucharadita de salsa de pimiento picante
- $\frac{1}{2}$ cucharadita de sal
- 4 pechugas de pollo deshuesadas y sin piel
- 4 panes de hamburguesa

INSTRUCCIONES:
a) En un plato grande, mezcle la ensalada de col, la piña y el aderezo; Mezcle bien y deje reposar.
b) En un plato moderado , mezcle la salsa barbacoa y la salsa picante. Salpique uniformemente ambos lados del pollo con sal y luego rocíe con la mezcla de salsa.
c) Ase las pechugas de pollo durante 10 a 13 minutos, o hasta que no queden restos rosados y los jugos salgan claros, girándolas con frecuencia y, durante los primeros 5 minutos, untándolas cada vez con salsa barbacoa.
d) Coloque el pollo sobre los panecillos, cubra con ensalada de col y sirva.

9. Hamburguesas griegas de pavo con queso feta

INGREDIENTES:
- $1\frac{1}{4}$ libras de pavo molido magro
- 1 huevo batido
- $\frac{1}{2}$ cebolla morada mediana, picada, más 4 rodajas finas de cebolla morada
- 2 cucharadas de perejil fresco picado
- 2 cucharadas de aceitunas Kalamata picadas
- 2 cucharaditas de orégano fresco picado
- 1 diente de ajo, picado
- $\frac{1}{2}$ cucharadita de pimienta recién molida
- 4 panes de hamburguesa integrales, tostados
- 4 puñados de hojas tiernas de espinaca
- 1 tomate grande, rebanado

INSTRUCCIONES:
a) En un tazón grande, combine el pavo, el huevo, la cebolla picada, el perejil, las aceitunas, el orégano, el ajo y la pimienta y mezcle bien. Forme 4 hamburguesas del mismo tamaño con la mezcla, aproximadamente $\frac{1}{2}$ pulgada de grosor.

b) Calienta una barbacoa o parrilla a fuego medio-alto, o calienta una sartén antiadherente a fuego medio-alto. Cocine las hamburguesas durante unos 4 minutos por lado, hasta que estén bien cocidas y doradas por fuera.

c) Sirve las hamburguesas dentro del pan con espinacas, tomate y una rodaja de cebolla morada. Ofrezca condimentos como mayonesa, ketchup o mostaza, según lo desee.

10. Hamburguesa De Pollo Búfalo

INGREDIENTES:
- 1 libra de pollo molido
- $\frac{1}{4}$ taza de salsa picante
- 2 cucharadas de apio finamente picado
- 2 cucharadas de cebolla morada finamente picada
- 1 diente de ajo, picado
- Sal y pimienta para probar
- 4 panes de hamburguesa
- Aderezo de queso azul y lechuga para cubrir

INSTRUCCIONES:
a) En un tazón, combine el pollo molido, la salsa picante, el apio, la cebolla morada, el ajo, la sal y la pimienta.
b) Mezclar bien hasta que todos los ingredientes estén incorporados uniformemente.
c) Divide la mezcla en cuatro porciones iguales y dales forma de hamburguesas.
d) Precalienta una parrilla o una sartén a fuego medio-alto.
e) Cocine las hamburguesas de pollo durante aproximadamente 4 a 5 minutos por lado, o hasta que alcancen una temperatura interna de 165 °F (74 °C).
f) Tuesta ligeramente los panecillos de hamburguesa a la parrilla o en una tostadora.
g) Unte el aderezo de queso azul en la mitad inferior de cada panecillo.
h) Coloque una hamburguesa de pollo encima, seguida de lechuga.
i) Cubrir con la mitad superior del panecillo y servir.

11. Hamburguesa de pavo y arándanos

INGREDIENTES:
- 1 libra de pavo molido
- ¼ de taza de arándanos secos, picados
- 2 cucharadas de cebolla verde finamente picada
- 2 cucharadas de perejil fresco picado
- 1 diente de ajo, picado
- Sal y pimienta para probar
- 4 panes de hamburguesa
- Salsa de arándanos y hojas de espinacas para cubrir

INSTRUCCIONES:
a) En un tazón, combine el pavo molido, los arándanos secos, la cebolla verde, el perejil, el ajo, la sal y la pimienta.
b) Mezclar bien hasta que todos los ingredientes estén incorporados uniformemente.
c) Divide la mezcla en cuatro porciones iguales y dales forma de hamburguesas.
d) Precalienta una parrilla o una sartén a fuego medio-alto.
e) Cocine las hamburguesas de pavo durante aproximadamente 4 a 5 minutos por lado, o hasta que alcancen una temperatura interna de 165 °F (74 °C).
f) Tuesta ligeramente los panecillos de hamburguesa a la parrilla o en una tostadora.
g) Coloque una hamburguesa de pavo en la mitad inferior de cada panecillo.
h) Cubra con salsa de arándanos y hojas de espinaca.
i) Cubrir con la mitad superior del panecillo y servir.

12. Hamburguesa De Pollo Al Pesto

INGREDIENTES:
- 1 libra de pollo molido
- ¼ de taza de salsa pesto preparada
- 2 cucharadas de queso parmesano rallado
- 1 diente de ajo, picado
- Sal y pimienta para probar
- 4 panes de hamburguesa
- Tomate en rodajas y hojas de albahaca fresca para cubrir

INSTRUCCIONES:
a) En un tazón, combine el pollo molido, la salsa pesto, el queso parmesano, el ajo, la sal y la pimienta.
b) Mezclar bien hasta que todos los ingredientes estén incorporados uniformemente.
c) Divide la mezcla en cuatro porciones iguales y dales forma de hamburguesas.
d) Precalienta una parrilla o una sartén a fuego medio-alto.
e) Cocine las hamburguesas de pollo durante aproximadamente 4 a 5 minutos por lado, o hasta que alcancen una temperatura interna de 165 °F (74 °C).
f) Tuesta ligeramente los panecillos de hamburguesa a la parrilla o en una tostadora.
g) Coloque una hamburguesa de pollo en la mitad inferior de cada panecillo.
h) Cubra con tomate en rodajas y hojas de albahaca fresca.
i) Cubrir con la mitad superior del panecillo y servir.

13. Hamburguesa de pavo con espinacas y queso feta

INGREDIENTES:

- 1 libra de pavo molido
- ½ taza de espinacas cocidas picadas (exprima el exceso de humedad)
- 2 cucharadas de queso feta desmenuzado
- 2 dientes de ajo, picados
- Sal y pimienta para probar
- 4 panes de hamburguesa
- Salsa tzatziki y pepino en rodajas para cubrir

INSTRUCCIONES:

a) En un tazón, combine el pavo molido, las espinacas picadas, el queso feta, el ajo, la sal y la pimienta.
b) Mezclar bien hasta que todos los ingredientes estén incorporados uniformemente.
c) Divide la mezcla en cuatro porciones iguales y dales forma de hamburguesas.
d) Precalienta una parrilla o una sartén a fuego medio-alto.
e) Cocine las hamburguesas de pavo durante aproximadamente 4 a 5 minutos por lado, o hasta que alcancen una temperatura interna de 165 °F (74 °C).
f) Tuesta ligeramente los panecillos de hamburguesa a la parrilla o en una tostadora.
g) Unte la salsa tzatziki en la mitad inferior de cada panecillo.
h) Coloque una hamburguesa de pavo encima y luego rodajas de pepino.
i) Cubrir con la mitad superior del panecillo y servir.

HAMBURGUESA DE CARNE

14. El monto completo Hamburguesa

INGREDIENTES:
- 500 g de carne picada
- 500 g de salchichas de ternera, sin tripa
- 6 lonchas de tocino
- 1 cebolla grande, en rodajas finas
- Lata de 225 g de remolacha, escurrida y picada
- 6 aros de piña, escurridos
- 6 huevos
- 6 rebanadas de queso sabroso
- 6 panecillos blandos, cortados por la mitad horizontalmente
- 2 tazas de lechuga iceberg rallada
- 3 pepinillos grandes, cortados a lo largo
- Salsa barbacoa y tomate, para servir

INSTRUCCIONES:
a) En un tazón grande, combine la carne picada y la carne de salchicha, mezclando bien para combinar. Divida la mezcla en 6 hamburguesas y aplánelas hasta obtener una hamburguesa de 12 cm. Dejar de lado.

b) Caliente una placa plana para barbacoa ligeramente engrasada y cocine a la parrilla a fuego alto.

c) Ase el tocino durante 3-4 minutos, volteándolo, hasta que quede carbonizado y crujiente. Cocine la cebolla y la remolacha en un plato plano, revolviendo con frecuencia, durante 4-5 minutos hasta que la cebolla se caramelice. Reserva ambos y mantenlos calientes.

d) Coloque los aros de piña en el plato plano y rompa un huevo en el centro de cada aro. Cocine durante 4-6 minutos hasta que los huevos estén cocidos a su gusto. Resérvalos con los demás ingredientes.

e) Ase las hamburguesas durante 2-3 minutos por un lado y luego déles la vuelta. Cubra cada hamburguesa con una rebanada de queso y cocine durante 3-4 minutos más hasta que las hamburguesas estén cocidas y el queso se derrita.

f) Coloque una hamburguesa en la base de un panecillo, luego cúbrala con cebolla y remolacha, seguido de tocino y piña con huevo. Distribuya sobre lechuga iceberg rallada y cubra con pepinillos.

g) Sirve con tu salsa favorita.

15. Hamburguesas Quattro Formaggi cargadas

INGREDIENTES:
- ½ taza (125 ml) de leche
- 2 rebanadas (80 g) de pan blanco de masa madre, sin corteza
- 700 g de carne picada de ternera de buena calidad
- 100 g de mota, pelada y finamente picada
- 1 huevo, ligeramente batido
- 2 cucharadas de cebollino finamente picado
- 1 cebolla tierna, recortada y finamente picada
- ¼ cucharadita de nuez moscada molida
- ¼ de taza (20 g) de parmesano rallado
- ¼ de taza (20 g) de queso pecorino rallado
- 4 rebanadas de queso fontina
- 4 lonchas de queso manchego
- 4 panes de hamburguesa brioche, ligeramente tostados
- 1 lechuga baby cos, con las hojas separadas
- 265 g de tomates tradicionales grandes, en rodajas gruesas
- Pepino encurtido en rodajas, salsa barbacoa y patatas fritas picantes, para servir

INSTRUCCIONES:
a) Pon la leche en un tazón mediano. Agrega el pan y déjalo en remojo durante 5 minutos. Exprime suavemente el pan y desecha el exceso de leche.
b) Transfiera el pan remojado a un tazón grande junto con la carne picada, el speck finamente picado, el huevo batido, el cebollino finamente picado, la cebolleta finamente picada, la nuez moscada molida, el parmesano rallado y el queso pecorino rallado.
c) Sazona la mezcla son sal y pimienta. Con las manos, revuelva para combinar todos los ingredientes. Divida la

mezcla en cuatro hamburguesas. Colóquelos en un plato, tápelos y déjelos enfriar durante 30 minutos para que se endurezcan.

d) Calienta una barbacoa o una sartén antiadherente a fuego medio-alto.

e) Cocine las hamburguesas durante 4-5 minutos por cada lado hasta que estén cocidas a su gusto. Cubra cada hamburguesa con una rodaja de fontina y una rodaja de manchego. Cúbrelos con una tapa durante 1 minuto para permitir que el calor residual derrita el queso.

MONTAR LAS HAMBURGUESAS:

f) Unte salsa barbacoa en la base de cada panecillo. Luego, cubra con lechuga, hamburguesas, tomates en rodajas gruesas y pepinillos. Cubrir con las tapas de panecillos. Servir con patatas fritas calientes.

g) Disfrute de sus deliciosas hamburguesas Loaded Quattro Formaggi (cuatro quesos), ¡especialmente si las combina con un rosado seco!

16. Hamburguesas de pechuga de res

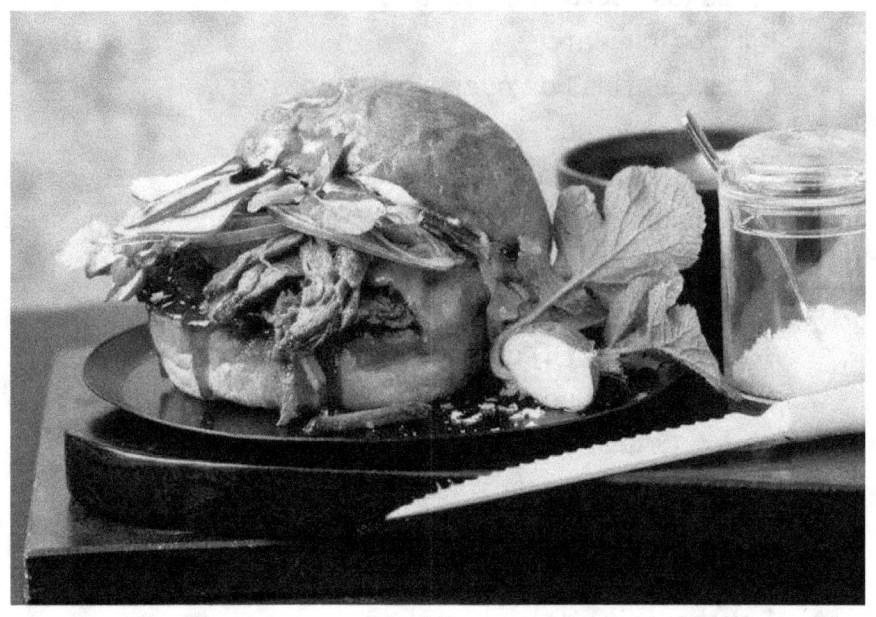

INGREDIENTES:
- 1 taza (280 g) de yogur griego
- 4 panes para hamburguesa, cortados por la mitad horizontalmente
- 8 lonchas finas de queso Red Leicester
- 1 cebolla morada, en rodajas finas
- 2 tazas de ramitas de berros sueltas
- 3 rábanos rojos, en rodajas finas, más rábanos extra cortados por la mitad para servir

PARA LA PECHERA COCIDA A LENTA:
- $\frac{1}{4}$ de taza (60 ml) de aceite de oliva virgen extra
- 1,5 kg de pechuga de ternera, desmenuzada

PARA LA SALSA DE CHILE AHUMADA:
- 2 tazas (500 ml) de salsa barbacoa
- $\frac{1}{2}$ taza (125 ml) de jarabe de arce
- 1 cucharada de pimentón ahumado (pimentón)
- 1 cucharadita de chile molido

INSTRUCCIONES:
a) Precalienta tu horno a 200°C.
b) Para preparar la pechuga a fuego lento, caliente el aceite de oliva en una cacerola apta para horno a fuego alto. Agrega la pechuga y cocina durante 2 minutos por cada lado hasta que esté bien dorada.
c) Agrega 2 tazas (500 ml) de agua, déjala hervir, tapa y transfiérala al horno. Reducir la temperatura del horno a 160°C y sofreír la pechuga, dándole la vuelta a la mitad, durante 4 horas o hasta que esté muy tierna.
d) Retire la carne del líquido para estofar y deje la pechuga a un lado para que se enfríe. Si planeas usarlo para rendang de res, guarda la mitad de la pechuga enfriada

en un recipiente hermético en el refrigerador por hasta 3 días o en el congelador por hasta 3 meses.

e) Mientras se cocina la pechuga, prepare la salsa de chile ahumado. En una cacerola a fuego medio-alto, combine todos los ingredientes de la salsa y déjelos hervir a fuego lento. Cocine mientras revuelve durante 2 minutos para desarrollar los sabores. Retire la salsa del fuego y déjela enfriar. (Puede guardar la salsa, tapada y fría, hasta por 3 semanas).

f) Una vez que la pechuga esté lo suficientemente fría como para manipularla, tritúrela en trozos grandes con dos tenedores y mézclela con 1 taza (250 ml) de salsa de chile ahumado.

g) Para el yogur con chile, agregue 2 cucharadas de salsa de chile ahumado al yogur griego en un tazón. Hazlo a un lado.

h) Precalienta la parrilla del horno a fuego alto.

i) Coloque los panecillos para hamburguesa, con el lado cortado hacia arriba, en una bandeja para hornear y áselos, revisándolos periódicamente, durante 2 minutos o hasta que se doren. Divida la mezcla de pechuga entre las mitades inferiores de los panecillos, rocíe con un poco de salsa de chile ahumado reservada y cubra cada una con 2 rebanadas de queso. Coloque las hamburguesas ensambladas en una bandeja para hornear y cocine a la parrilla durante 90 segundos o hasta que el queso comience a derretirse.

j) Coloca las tapas de panecillo encima de las hamburguesas y sírvelas inmediatamente con cebolla en rodajas, berros, rábanos en rodajas y yogur con chile. También puedes servirlos con rábano extra cortado por la mitad a un lado.

¡Disfruta de tus hamburguesas de pechuga de res estofadas a fuego lento!

17. Hamburguesas de champiñones y carne con mayonesa de chipotle

INGREDIENTES:
- Aceite de oliva, para freír
- 250 g de champiñones porta bellini, finamente picados
- Ralladura de medio limón
- 250 g de carne picada magra de ternera campera
- ½ cucharadita de sal
- ½ cucharadita de orégano seco
- Una pizca generosa de cilantro molido
- Pimienta negra recién molida
- 1 cucharadita de mostaza Dijon
- 2 cebolletas, finamente picadas
- ½ taza de quinua cocida, enfriada
- 1 huevo
- ½ taza de pan rallado fresco
- 2 cucharadas de vinagre balsámico
- Panes de hamburguesa, ligeramente untados con mantequilla
- Tomates rebanados
- Aros de cebolla morada
- Hojas de lechuga crujientes
- 3 cucharadas de mayonesa espesa combinada con ½ cucharadita de pasta de chipotle y un chorrito de jugo de limón

INSTRUCCIONES:
a) Calentar 1 cucharada de aceite de oliva en una sartén y sofreír los champiñones finamente cortados en cubitos a fuego alto hasta que se haya evaporado todo el líquido. Sazone ligeramente con sal y pimienta negra recién molida. Agrega la ralladura de limón y mézclala. Transfiera los champiñones a un tazón y déjelos a un lado para que se enfríen.

b) A los champiñones enfriados, agregue la carne picada magra, la sal, el orégano seco, el cilantro molido, la pimienta negra recién molida, la mostaza de Dijon, las cebolletas finamente picadas, la quinua cocida enfriada, el huevo y el pan rallado fresco. Mezcle todo a mano para asegurarse de que todos los ingredientes estén bien combinados.
c) Divida la mezcla en 5-6 porciones iguales y déles forma de hamburguesas. Cubre las hamburguesas y enfríalas en el refrigerador hasta que se endurezcan.
d) Calienta 1 cucharada de aceite de oliva en una sartén antiadherente y fríe las hamburguesas hasta que se forme una costra dorada por un lado. Dales la vuelta con cuidado y cocina durante 3-4 minutos más o hasta que la carne alcance el nivel deseado de cocción.
e) Desglasar la sartén añadiendo vinagre balsámico y dejar reducir. Agrega un chorrito de agua a la sartén y voltea las hamburguesas para cubrir ambos lados con el jugo pegajoso de la sartén.
f) Mientras se cocinan las hamburguesas, tuesta los panes de hamburguesa.
g) Prepare sus hamburguesas cubriéndolas con hojas de lechuga crujientes, tomates en rodajas, la hamburguesa de carne, aros de cebolla morada y, finalmente, una generosa cucharada de mayonesa de chipotle.
h) Cierra la hamburguesa con el pan superior y ahí la tienes: ¡hamburguesas saludables de champiñones y carne con mayonesa de chipotle listas para disfrutar!

18. Hamburguesa de pechuga coreana y kimchi

INGREDIENTES:
- 500 g de pechuga de ternera picada
- 125 g de mota, sin cáscara y picada
- ⅓ taza (80 ml) de salsa de soja ligera
- Aceite de girasol, para cepillar
- 6 cebolletas, la parte verde oscura en rodajas finas y la parte pálida cortada a la mitad
- 2 pimientos verdes, cortados en cuartos a lo largo
- 6 panes de hamburguesa brioche, partidos, untados con aceite y espolvoreados con semillas de sésamo negro
- Mayonesa kewpie y gochujang (pasta de chile coreana), para servir

PARA KIMCHI RÁPIDO:
- ¼ de taza (55 g) de sal
- ⅓ repollo chino (wombok), en rodajas
- 4 dientes de ajo machacados
- ¼ de taza (55 g) de azúcar en polvo
- 2 cucharadas de salsa de pescado
- 1 cucharada de hojuelas de chile seco

INSTRUCCIONES:
a) Combine la pechuga picada, el speck picado y 2 cucharadas de salsa de soja. Forme 6 hamburguesas con la mezcla y aplánelas. Unte las hamburguesas con las 2 cucharadas restantes de salsa de soja. Déjalos enfriar durante 30 minutos.

b) En un bol, combina la sal, la col china en rodajas y 2 tazas (500 ml) de agua caliente. Tapar y dejar reposar durante 15 minutos. Enjuague y escurra el repollo. Agregue la cebolleta oscura en rodajas y el resto de los ingredientes del kimchi.

c) Calentar una sartén a fuego alto y untarla con aceite. Cocine el pimiento y las cebolletas pálidas cortadas por la mitad durante 2-3 minutos o hasta que estén tiernas. Retíralos y déjalos a un lado.
d) Cepille la parrilla con un poco más de aceite. Cocine las hamburguesas durante 2 minutos por cada lado. Reduzca el fuego a medio y cocine por 3 minutos más por cada lado o hasta que estén carbonizados y bien cocidos.

MONTAR LAS HAMBURGUESAS:

e) Unta las bases de panecillos con mayonesa. Cúbralos con pimiento, hamburguesas, pasta de chile, cebolleta, kimchi y tapas de panecillos. ¡Sirve tus deliciosas hamburguesas coreanas de pechuga y kimchi!
f) ¡Disfruta de la fusión única de sabores en esta hamburguesa!

19. Hamburguesas con queso BBQ Havarti

INGREDIENTES:
- 1 libra de carne molida
- ½ cucharadita de sal
- ½ cucharadita de pimienta
- 3 cucharadas de salsa BBQ
- 1 cucharada de aceite de oliva
- 1 cucharada de mantequilla
- 8 onzas de queso Havarti, en rodajas
- 4 a 6 bollos de brioche o semillas de sésamo, según tu preferencia de tamaño
- Verduras tiernas para servir

INSTRUCCIONES:
a) Coloca la carne molida en un bol y sazona con sal y pimienta. Agrega la salsa BBQ y mezcla todo suavemente con las manos para combinar. Forme de 4 a 6 hamburguesas con la mezcla, según el tamaño de hamburguesa y el tamaño de pan que prefiera.

b) Calienta una sartén grande (o tu parrilla, si lo prefieres) a fuego medio. Agrega el aceite de oliva y la mantequilla a la sartén.

c) Cocine las hamburguesas hasta que se doren por ambos lados y alcancen el nivel deseado de cocción. Por lo general, se necesitan entre 3 y 4 minutos por lado para que estén a fuego medio, pero el tiempo de cocción puede variar según el grosor de las hamburguesas.

d) Uno o dos minutos antes de que las hamburguesas estén listas, coloque rebanadas de queso Havarti encima de cada hamburguesa y cubra la sartén con una tapa para permitir que el queso se derrita.

e) Para armar las hamburguesas, comience untando una cucharada de salsa BBQ en la mitad inferior de cada panecillo. Luego, coloque algunas capas de verduras de primavera. Coloque la hamburguesa cocida encima de las verduras, rocíe con más salsa BBQ y termine con la mitad superior del panecillo.

f) Sirva sus hamburguesas con queso BBQ Havarti con una generosa porción de batatas fritas. ¡Disfrutar!

20. Hamburguesa con salsa teriyaki

INGREDIENTES:
SALSA TERIYAKI:
- 3 cucharadas de salsa de soja
- 2 cucharadas de mirín
- 2 cucharadas de sake
- 2 cucharadas de azúcar

HAMBURGUESAS:
- 1½ libras de carne molida (80 por ciento magra)
- 1 cucharada de aceite de canola
- 4 panes de hamburguesa, partidos

Ingredientes:
- ½ taza de mayonesa
- 2 dientes de ajo, picados
- Queso roquefort o brie
- pepinos japoneses
- 2 cebolletas, solo las partes verdes, cortadas en tiras

INSTRUCCIONES:

a) En una cacerola pequeña, combine los ingredientes para la salsa teriyaki. Llevar a ebullición a fuego medio-alto y luego reducir a fuego lento. Cocine hasta que la salsa espese y cubra el dorso de una cuchara, lo que debería tomar entre 10 y 15 minutos. Tenga cuidado de no reducirlo demasiado, ya que puede quedar demasiado espeso.

b) En un tazón mediano, mezcle la carne molida. Divídelo en 4 porciones iguales (hazlas un poco más grandes que los bollos ya que se encogerán durante la cocción). Presione suavemente con el pulgar en el centro de cada hamburguesa para evitar que se abulten mientras se cocinan. Unte ambos lados de las hamburguesas con aceite de canola y sazone con sal y pimienta.

c) Precalienta una parrilla o sartén de hierro fundido a fuego alto.
d) Una vez que la superficie de cocción esté caliente, agregue las hamburguesas. Cocine por 3 minutos por el primer lado, luego voltee y cocine por 4 minutos más por el otro lado. Durante el último minuto de cocción, coloque queso Roquefort o Brie encima de cada hamburguesa y cúbralas con una tapa abovedada. Esto dará como resultado hamburguesas a medio cocer (el tiempo total de cocción es de 7 minutos para las que estén a medio cocer). Transfiera las hamburguesas a un plato y cúbralas ligeramente con papel de aluminio.
e) Después de cocinar las hamburguesas, coloca los panecillos partidos en la parrilla o sartén y tuéstalos durante 30 segundos.
f) En un tazón pequeño, combine la mayonesa y el ajo picado.
g) Unte el interior de los panecillos tostados con la mezcla de ajo y mayonesa. Coloque las hamburguesas en los panecillos inferiores, rocíe con aproximadamente 1 cucharada de salsa teriyaki por hamburguesa y cubra con queso roquefort (o Brie), pepinos japoneses, tiras de cebollino y, finalmente, el panecillo superior.
h) ¡Sirve tus hamburguesas Teriyaki inmediatamente y disfruta!

21. Hamburguesas con queso y vino tinto

INGREDIENTES:
PARA LA REDUCCIÓN DE VINO TINTO:
- 2 tazas de vino tinto
- 2 cucharadas de azúcar moreno claro envasada

PARA LAS CEBOLLAS CARAMELIZADAS:
- 1 cebolla amarilla grande, en rodajas finas
- ¼ de taza de reducción de vino tinto (de arriba)

PARA LAS HAMBURGUESAS:
- 1 huevo grande
- ⅓ taza de pan rallado sazonado italiano
- 1 libra de carne molida
- Sal y pimienta para probar

PARA ADORNAR:
- 6 rebanadas de queso provolone
- 6 panes de hamburguesa

INSTRUCCIONES:

a) En una cacerola a fuego medio-alto, combine el azúcar moreno y el vino tinto, revolviendo hasta que el azúcar se disuelva. Déjelo hervir, luego reduzca el fuego y cocine a fuego lento durante unos 20-25 minutos, o hasta que el vino se reduzca a aproximadamente 1 taza. Déjelo enfriar a temperatura ambiente.

b) Mientras el vino se reduce, caramelizar las cebollas en una sartén mediana. Agregue ¼ de taza de reducción de vino tinto a las cebollas y saltee durante 2-3 minutos más para combinar los sabores.

c) En un tazón grande, combine sin apretar la carne molida, el huevo, el pan rallado, la sal y la pimienta. Agregue ⅓ de taza de reducción de vino tinto a temperatura ambiente y mezcle bien con la carne, teniendo cuidado de no mezclar demasiado.

d) Precalienta la parrilla a fuego medio-alto y forma 6 hamburguesas con la mezcla de carne molida. Coloque las hamburguesas en la parrilla y cocínelas hasta el nivel de cocción deseado, que suele ser de 4 a 6 minutos por lado. Cubra cada hamburguesa con una rebanada de queso provolone y cocine por 1 minuto más para derretir el queso.
e) Ensamble las hamburguesas apilándolas en las mitades inferiores de los panes para hamburguesa.
f) Cubra con las cebollas caramelizadas y rocíe con la reducción de vino tinto restante.
g) Termine agregando sus ingredientes favoritos para hamburguesas, coloque el panecillo superior y sirva inmediatamente. ¡Disfruta de tus hamburguesas con queso y vino tinto!

22. de ternera, ricota y espinacas

INGREDIENTES:
- 1 libra de carne molida
- 1 taza de queso ricota
- $\frac{1}{2}$ taza de espinacas picadas
- $\frac{1}{2}$ cucharadita de ajo en polvo
- Sal y pimienta
- Panes de hamburguesa y aderezos de tu elección.

INSTRUCCIONES:
a) Precalienta tu parrilla o sartén a fuego medio-alto.
b) En un tazón, combine la carne molida, el queso ricotta, las espinacas picadas, el ajo en polvo, la sal y la pimienta.
c) Mezclar bien y formar 4 hamburguesas del mismo tamaño.
d) Asa las hamburguesas durante 4-5 minutos por cada lado o hasta que estén cocidas a tu gusto.
e) Tuesta los panes de hamburguesa a la parrilla.
f) Arme las hamburguesas con los ingredientes que desee.
g) Servir y disfrutar.

23. Hash Brown y Chuck Burger

INGREDIENTES:
- 6 onzas de carne molida magra
- 4 lonchas de tocino, cocidas hasta que estén crujientes
- Sal al gusto
- Grasa animal
- 2 panes de hamburguesa
- 2 rebanadas de queso americano
- 2 huevos medianos, fritos
- 2 croquetas de patata, cocidas y mantenidas calientes

INSTRUCCIONES:
a) Forme hamburguesas finas y uniformes con la carne. Sazonar con sal.
b) Cepille la parrilla con grasa animal y coloque las hamburguesas encima.
c) Ase durante unos 4 minutos por lado.
d) Retire las hamburguesas de la parrilla y coloque cada una en un panecillo.
e) Cubra con una rebanada de queso, tocino, huevo frito y croquetas de patata.

24. Hamburguesa Black Angus con queso cheddar

INGREDIENTES:
- 2 libras de carne molida Angus
- 3 Chiles poblanos asados, sin semillas y; cortado en tercios
- 6 rebanadas Queso cheddar amarillo
- 6 Rollitos de hamburguesa
- Lechuga baby de roble rojo
- Cebollas rojas encurtidas
- Vinagreta De Chile Poblano
- Sal y pimienta negra recién molida

INSTRUCCIONES:
a) Prepare un fuego de leña o carbón y déjelo quemar hasta convertirse en brasas.
b) En un tazón grande, sazone la carne Angus con sal y pimienta. Refrigere hasta que esté listo para su uso. Cuando esté listo para usar, forme discos de 1 pulgada de grosor.
c) Ase durante cinco minutos por cada lado a fuego medio. Durante los últimos cinco minutos cubra con queso cheddar.
d) Cuando termine de asar, coloque la hamburguesa en la mitad del panecillo y cubra con roble rojo, chiles poblanos, vinagreta y cebollas moradas encurtidas.
e) Servir inmediatamente.

25. Hamburguesa Wagyu

INGREDIENTES:
- 1 libra de hamburguesa de carne Wagyu Carne wagyu americana
- Lechuga (opcional)
- Tomate (Opcional)
- Cebolla (opcional)
- salsa de tomate (opcional)
- Mostaza (opcional)

INSTRUCCIONES:
a) Divida la hamburguesa en 2 a 4 hamburguesas Wagyu.
b) Calienta una sartén o parrilla a fuego medio-alto.
c) Coloca cada hamburguesa wagyu en la sartén. Sazone con una pizca de sal.
d) No mueva ni voltee las hamburguesas hasta que el fondo forme una corteza marrón caramelizada.
e) Cocine a la temperatura deseada por el primer lado.
f) Voltee cada hamburguesa Wagyu y cocine a la temperatura deseada por el segundo lado.

26. Hamburguesa de bistec negra y azul

INGREDIENTES:
- ¾ libra de filete de costilla graso
- ¾ libra de filete de solomillo
- 2 onzas de queso azul
- 1 pizca de sal y pimienta negra recién molida al gusto
- 1 ½ cucharadas de mayonesa o al gusto
- 4 panes de hamburguesa, partidos y tostados
- 2 onzas de cebollas moradas encurtidas o al gusto

INSTRUCCIONES:
a) Corte los filetes por la mitad y luego en tiras de aproximadamente ¼ a ½ pulgada de grosor. Colocar en un bol y cubrir con film transparente. Congele hasta que esté muy frío y firme, pero no del todo congelado, aproximadamente de 30 minutos a 1 hora. Coloque también el queso azul en el congelador para que sea más fácil de manipular.

b) Pica el bistec parcialmente congelado con un cuchillo afilado o un cuchillo de carnicero hasta que parezca carne molida gruesa. Desmenuza aproximadamente ½ taza de queso azul (sin envasar) encima; Usa el cuchillo para doblarlo y picarlo en la carne.

c) Humedece ligeramente tus manos con agua y forma 3 o 4 hamburguesas con la mezcla.

d) Aplanar sobre trozos individuales de envoltura plástica; selle y refrigere hasta que esté listo para cocinar.

e) Desenvuelve las hamburguesas y continúa presionándolas hasta obtener la delgadez deseada. Sazone ambos lados c on sal y pimienta.

f) Calienta una sartén de hierro fundido seca a fuego medio-alto hasta que esté muy caliente. Dorar cada hamburguesa, sin tocarla, hasta que se forme una costra en el fondo, aproximadamente 3 minutos. Voltee y continúe cocinando hasta que la superficie rebote cuando se presiona ligeramente, aproximadamente 3 minutos más.

g) Unte un poco de mayonesa sobre cada mitad inferior del panecillo. Sirva las hamburguesas sobre los panecillos, cubiertas con cebollas rojas encurtidas.

27. Hamburguesa de filete

INGREDIENTES:
- 700 g de filete de res molido grueso
- Aceite de oliva virgen extra, para untar
- 4 rebanadas de queso sabroso
- ⅔ taza de mostaza americana
- 4 panecillos con leche, partidos, tostados
- 8 pepinillos encurtidos grandes, cortados a lo largo
- ⅔ taza de salsa de tomate
- 1 cebolla blanca pequeña

INSTRUCCIONES:
a) Sazone la carne picada y luego divídala en cuatro porciones iguales. Enrolle cada una en bolas y aplánelas para formar cuatro hamburguesas un poco más grandes que un bollo (la carne se encogerá durante la cocción). Enfríe durante 30 minutos para que se endurezca un poco.
b) Precalienta una parrilla para barbacoa o una sartén grande a fuego alto y unta con aceite. Sazone las hamburguesas, luego cocínelas durante 1 a 2 minutos por un lado hasta que estén bien carbonizadas, luego déles la vuelta y coloque rebanadas de queso sobre cada hamburguesa.
c) Cocine por 1 minuto más o hasta que el queso se derrita y las hamburguesas estén bien cocidas. Para armar, esparza la mitad de la mostaza sobre las bases de los panecillos, luego cubra con las hamburguesas, los pepinillos en rodajas, la salsa de tomate y el resto de la mostaza.
d) Espolvorea sobre la cebolla y luego cubre con las tapas de los panecillos para servir.

28. Hamburguesas de ternera con provolone y pepinillos

INGREDIENTES:
- 2 rebanadas de pan blanco
- ½ taza de leche
- 500 g de carne picada
- 1 huevo, ligeramente batido
- 2 cucharadas de cebollino picado
- ½ taza de parmesano finamente rallado
- 4 rebanadas de queso provolone
- 4 panes de hamburguesa, ligeramente tostados
- Chutney de tomate, tomate en rodajas y hojas tiernas de cosquillas para servir

BONITO ENCURTIDOS
- ½ taza de vinagre de vino tinto
- 2 cucharadas de azúcar en polvo
- 1 cucharada de granos de pimienta rosa, machacados
- ½ cucharada de semillas de hinojo, trituradas
- ½ manojo de zanahorias y rábanos holandeses, en rodajas finas
- 1 cebolla morada pequeña, cortada en aros de 5 mm
- ½ pepino libanés, en rodajas

INSTRUCCIONES:
a) Para los bonitos encurtidos, coloque vinagre, azúcar, ⅓ taza de agua, granos de pimienta, semillas de hinojo y 1 cucharada de sal en escamas en una cacerola pequeña a fuego alto. Llevar a ebullición durante 1 minuto y luego enfriar por completo.

b) Coloque las verduras en un recipiente poco profundo, vierta sobre el líquido hasta cubrirlas y déjelas durante 20 minutos.

c) Coloque el pan y la leche en un tazón mediano. Remojar durante 5 minutos. Exprime suavemente el pan y desecha el exceso de leche. Coloque el pan en un tazón grande con la carne picada, el huevo, el cebollino y el parmesano. Sazone y combine bien. Divida la mezcla en 4 y forme hamburguesas. Colóquelo en un plato, cubra y enfríe durante 30 minutos para que se endurezca.

d) Calienta una parrilla o parrilla a fuego medio-alto. Cocine las hamburguesas durante 3 minutos por cada lado o hasta que estén cocidas. Cubra cada uno con queso (el calor residual lo derretirá).

e) En cada base de panecillo coloque el chutney, el tomate, el cos, la hamburguesa, los pepinillos escurridos y la tapa del panecillo.

29. Hamburguesa de desayuno con microgreens de col rizada

INGREDIENTES:
LAS EMPANADAS
- 450 g de carne molida de animales alimentados con pasto
- ⅓ taza de manteca de cerdo crujiente
- 1 cucharada de mostaza Dijon
- 3 dientes de ajo, picados
- 1 huevo de pastoreo
- ¼ cucharadita de sal del Himalaya o sal marina sin refinar
- ¼ de cucharadita de pimienta negra recién molida
- ¼ cucharadita de semillas de anís
- ⅛ cucharadita de clavo molido
- 1 chile jalapeño, sin semillas y muy finamente picado
- ¼ de taza de perejil fresco, finamente picado
- 2 cucharadas de menta fresca, finamente picada
- 1 cucharada de romero fresco, finamente picado
- ½ taza de chucrut exprimido bastante seco y picado en trozos grandes

ADORNAR
- 1 puñado de microgreens de col rizada fresca
- 2 rodajas de tomate
- 3 rodajas de aguacate
- ¼ taza de chucrut
- 1 huevo de pastoreo, frito
- 1 tira de tocino, cocida y cortada en 2 trozos

INSTRUCCIONES:
a) Comience cocinando la cantidad requerida de rebanadas de tocino y reserve.

b) En un procesador de alimentos, agregue las mantecas de cerdo, la mostaza de Dijon, el ajo, el huevo, la sal, la pimienta, el clavo molido y las semillas de anís y procese hasta obtener una pasta.

c) Agréguelo a un tazón junto con la carne molida, el chile jalapeño, el perejil, la menta, el romero y el chucrut, y amase bien con las manos hasta que se mezclen uniformemente.
d) Forme 3 o 4 hamburguesas de carne con la mezcla de carne.
e) Precalienta tu parrilla al aire libre a temperatura alta.
f) Una vez que la parrilla esté bien caliente, baje el fuego y coloque las hamburguesas en la parrilla; cocine durante unos 4 minutos por lado o hasta que las hamburguesas estén cocidas a su gusto.
g) Alternativamente, también puedes cocinar las hamburguesas de carne en una sartén a fuego moderado, nuevamente, durante aproximadamente 4 minutos por lado.
h) Mientras se cocina la carne, fríe tantos huevos como necesites para adornar tus hamburguesas.
i) Para armar las hamburguesas, comience colocando algunos microgreens de col rizada en el fondo de un plato.
j) Coloque la hamburguesa de carne encima, seguida del chucrut y unas rodajas de tomate y aguacate.
k) Agrega el huevo frito encima de todo eso y, finalmente, coloca dos trozos de tocino cocido encima del huevo.

30. Hamburguesas caribeñas de carne con salsa de mango

INGREDIENTES:
- 1½ libras de carne molida
- 2 cucharadas de condimento caribeño

SALSA DE MANGO:
- 1 mango grande, pelado y picado en trozos grandes
- 1 cucharada de cilantro fresco picado
- 1 cucharada de cebolla verde picada
- 1 cucharada de chile jalapeño sin semillas finamente picado
- 1 cucharada de jugo de limón fresco

INSTRUCCIONES:

a) Combine la carne molida y el condimento para sacudidas en un tazón grande, mezclando ligera pero bien. Forme cuatro hamburguesas de ¾ de pulgada de grosor.

b) Coloque las hamburguesas en la parrilla sobre brasas medianas cubiertas de ceniza.

c) Ase, tapado, durante 11 a 15 minutos, hasta que un termómetro de lectura instantánea insertado horizontalmente en el centro registre 160 °F, volteándolo ocasionalmente. Sazone con sal, al gusto.

d) Consejo del cocinero: Los tiempos de cocción son para carne molida fresca o completamente descongelada. La carne molida debe cocinarse a una temperatura interna de 160°F.

e) Mientras tanto, combine los ingredientes de la salsa en un tazón mediano, mezclando ligeramente. Sirva las hamburguesas con salsa.

HAMBURGUESA DE CORDERO

31. Hamburguesas de cordero con queso feta y menta

INGREDIENTES:
- 200 g de queso feta griego
- 1 taza (250 g) de yogur griego
- ½ manojo de hojas de menta
- 1 cucharada de aceite de oliva, más extra para cepillar
- 1 canastilla de tomates cherry, cortados en cuartos
- 1 cucharada de vinagre de vino tinto
- 1 cucharada de vinagre de vino tinto (sí, repetido)
- 1 cucharadita de azúcar
- 4 panecillos crujientes (preferiblemente de masa madre), cortados por la mitad
- 2 pepinos libaneses, cortados en tiras largas con un pelador
- ¼ manojo de hojas de albahaca

EMPANADAS:
- 500 g de carne picada de cordero
- 1 diente de ajo grande
- ½ cebolla morada, finamente picada
- ¼ manojo de perejil de hoja plana, finamente picado
- 1 cucharadita colmada de orégano griego seco
- 1 huevo, ligeramente batido
- ½ taza (30 g) de pan rallado fresco
- Sal en escamas y pimienta negra recién molida

INSTRUCCIONES:
PREPARAR EL VESTIDO:
a) En un procesador de alimentos, mezcle el queso feta, el yogur griego y la menta hasta que quede suave. Coloca el aderezo en el refrigerador para que espese. Puedes hacer esto con anticipación.

HAGA LAS EMPANADAS:

b) En un tazón grande, combine todos los ingredientes de las hamburguesas y forme cuatro hamburguesas del mismo tamaño con la mezcla.
c) Calienta aceite de oliva en una sartén a fuego medio. Una vez calientes, fríe las hamburguesas durante 4-5 minutos por cada lado hasta que estén bien cocidas.
d) Alternativamente, puedes dorarlos rápidamente y terminar de cocinarlos en el horno precalentado a 190°C durante 10 minutos.
e) Mezcle los tomates cherry cortados en cuartos en un bol con el vinagre de vino tinto y el azúcar. Déjalos reposar durante 10 minutos y luego escurre el exceso de vinagre.
f) Unte cada mitad de panecillo con aceite de oliva y tuéstelos ligeramente en el horno o debajo de la parrilla.

MONTAR LAS HAMBURGUESAS:
g) Coloque tiras de pepino y algunas hojas de albahaca en las mitades inferiores de los panecillos tostados.
h) Cúbralos con una hamburguesa de cordero, aderezo de queso feta y una cucharada de los tomates preparados. Termine con el panecillo superior y presione suavemente hacia abajo para permitir que los jugos, el aderezo y el tomate de la hamburguesa se mezclen con la albahaca.
i) ¡Disfruta de tus deliciosas hamburguesas de cordero con aderezo de queso feta, menta y yogur!

32. Hamburguesas marroquíes de cordero y harissa

INGREDIENTES:
- 500 g de carne picada de cordero
- 2 cucharadas de pasta de harissa
- 1 cucharada de semillas de comino
- 2 manojos de zanahorias tradicionales
- ½ manojo de menta, con las hojas recogidas
- 1 cucharada de vinagre de vino tinto
- 80 g de queso rojo Leicester, rallado grueso
- 4 panecillos brioche sin semillas, partidos
- ⅓ taza (65 g) de requesón

INSTRUCCIONES:
a) Forra una bandeja para hornear con papel de horno. Coloque la carne picada en un bol y sazone generosamente. Agrega 1 cucharada de harissa y, con las manos limpias, combina bien.

b) Forme 4 hamburguesas con la mezcla de cordero y espolvoree con semillas de comino. Colóquelas en la bandeja preparada, cubra y enfríe hasta que las necesite (deje que las hamburguesas alcancen temperatura ambiente antes de cocinarlas).

c) Mientras tanto, combine la zanahoria, la menta y el vinagre en un tazón y reserve para encurtir ligeramente.

d) Calienta una parrilla o sartén a fuego medio-alto. Ase las hamburguesas durante 4-5 minutos por cada lado o hasta que se forme una buena corteza. Cubra con queso, luego cubra (use papel de aluminio si usa una sartén para parrilla) y cocine, sin voltear, durante 3 minutos más o hasta que el queso se derrita y las hamburguesas estén bien cocidas.

e) Ase los panecillos brioche, con el lado cortado hacia abajo, durante 30 segundos o hasta que estén ligeramente tostados. Divida el requesón entre las bases de panecillos y luego cubra con la mezcla de zanahorias encurtidas.

f) Agregue las hamburguesas y la 1 cucharada restante de harissa. Abre las tapas y aprieta para que la harissa rezume por los lados y quede atascada.

33. Hamburguesas De Cordero Con Mozzarella Y Pepino

INGREDIENTES:
- 1 kg de carne magra de cordero
- ¾ taza (50 g) de pan rallado fresco
- 1 huevo, ligeramente batido
- 2 cucharadas de mostaza Dijon
- 2 cucharaditas de menta seca
- 1 pepino libanés, picado
- 1 manojo de hojas de menta, picadas en trozos grandes
- Zumo de 1 lima
- 2 cucharadas de alcaparras saladas, enjuagadas y escurridas
- 1 cucharadita de azúcar en polvo
- ¼ de taza (60 ml) de aceite de oliva virgen extra
- Alioli* de buena calidad para servir
- 6 panecillos de masa madre, partidos y tostados
- 125 g de mozzarella de búfala*, desmenuzada

INSTRUCCIONES:
a) Precalienta tu horno a 180°C (356°F) y cubre una bandeja para hornear con papel de aluminio.

b) En un tazón, combine la carne picada de cordero magra, el pan rallado fresco, el huevo ligeramente batido, la mostaza de Dijon y la menta seca. Sazone la mezcla con sal y pimienta y mezcle bien. Forma 6 hamburguesas con la mezcla y cúbrelas. Enfríe las hamburguesas en el refrigerador durante 10 minutos.

c) En un recipiente aparte, mezcle el pepino libanés picado, las hojas de menta picadas, el jugo de lima, las alcaparras saladas enjuagadas y escurridas, el azúcar en polvo y 1 cucharada de aceite de oliva virgen extra. Deja esta ensalada de pepino a un lado.

d) En una sartén grande, calienta las 2 cucharadas restantes de aceite de oliva virgen extra a fuego medio-alto. Cocine las hamburguesas en tandas, aproximadamente de 3 a 4 minutos por lado, hasta que se doren. Una vez doradas, transfiera las hamburguesas a la bandeja para hornear forrada con papel de aluminio y hornee durante 15 a 20 minutos o hasta que estén bien cocidas.

MONTAR LAS HAMBURGUESAS:

e) Para servir, unte alioli en la base de cada panecillo de masa madre tostado.
f) Cubra con una hamburguesa de cordero, mozzarella de búfala desmenuzada y ensalada de pepino. Sazone con sal y pimienta y vuelva a colocar la parte superior de los panecillos.
g) ¡Disfruta de tus deliciosas Hamburguesas de Cordero con Mozzarella de Búfala y Ensalada de Pepino!

34. Hamburguesa Mediterránea De Cordero

INGREDIENTES:
- 1 libra de cordero molido
- ¼ de taza de cebolla morada finamente picada
- 2 dientes de ajo, picados
- 1 cucharada de perejil fresco picado
- 1 cucharada de menta fresca picada
- 1 cucharadita de comino molido
- Sal y pimienta para probar
- 4 panes de hamburguesa
- Salsa tzatziki, lechuga y tomate para cubrir

INSTRUCCIONES:
a) En un bol, combine el cordero molido, la cebolla morada, el ajo, el perejil, la menta, el comino, la sal y la pimienta.
b) Mezclar bien hasta que todos los ingredientes estén incorporados uniformemente.
c) Divide la mezcla en cuatro porciones iguales y dales forma de hamburguesas.
d) Precalienta una parrilla o una sartén a fuego medio-alto.
e) Cocine las hamburguesas de cordero durante unos 4-5 minutos por lado, o hasta que alcancen el nivel deseado de cocción.
f) Tuesta ligeramente los panecillos de hamburguesa a la parrilla o en una tostadora.
g) Unte la salsa tzatziki en la mitad inferior de cada panecillo.
h) Coloque encima una hamburguesa de cordero, seguida de lechuga y tomate.
i) Cubrir con la mitad superior del panecillo y servir.

35. Hamburguesa picante de cordero Harissa

INGREDIENTES:
- 1 libra de cordero molido
- 2 cucharadas de pasta de harissa
- 2 dientes de ajo, picados
- 1 cucharadita de comino molido
- ½ cucharadita de cilantro molido
- Sal y pimienta para probar
- 4 panes de hamburguesa
- Cebolla morada en rodajas y rúcula para cubrir

INSTRUCCIONES:
a) En un tazón, combine el cordero molido, la pasta harissa, el ajo, el comino, el cilantro, la sal y la pimienta.
b) Mezclar bien hasta que todos los ingredientes estén incorporados uniformemente.
c) Divide la mezcla en cuatro porciones iguales y dales forma de hamburguesas.
d) Precalienta una parrilla o una sartén a fuego medio-alto.
e) Cocine las hamburguesas de cordero durante unos 4-5 minutos por lado, o hasta que alcancen el nivel deseado de cocción.
f) Tuesta ligeramente los panecillos de hamburguesa a la parrilla o en una tostadora.
g) Coloque una hamburguesa de cordero en la mitad inferior de cada panecillo.
h) Cubra con cebolla morada en rodajas y rúcula.
i) Cubrir con la mitad superior del panecillo y servir.

36. Hamburguesa De Cordero Griega

INGREDIENTES:
- 1 libra de cordero molido
- ¼ de taza de queso feta desmenuzado
- ¼ de taza de aceitunas Kalamata picadas
- 2 dientes de ajo, picados
- 1 cucharadita de orégano seco
- Sal y pimienta para probar
- 4 panes de hamburguesa
- Salsa tzatziki, lechuga y tomate para cubrir

INSTRUCCIONES:
a) En un bol, combine el cordero molido, el queso feta, las aceitunas Kalamata, el ajo, el orégano, la sal y la pimienta.
b) Mezclar bien hasta que todos los ingredientes estén incorporados uniformemente.
c) Divide la mezcla en cuatro porciones iguales y dales forma de hamburguesas.
d) Precalienta una parrilla o una sartén a fuego medio-alto.
e) Cocine las hamburguesas de cordero durante unos 4-5 minutos por lado, o hasta que alcancen el nivel deseado de cocción.
f) Tuesta ligeramente los panecillos de hamburguesa a la parrilla o en una tostadora.
g) Unte la salsa tzatziki en la mitad inferior de cada panecillo.
h) Coloque encima una hamburguesa de cordero, seguida de lechuga y tomate.
i) Cubrir con la mitad superior del panecillo y servir.

37. Hamburguesa de cordero del Medio Oriente

INGREDIENTES:
- 1 libra de cordero molido
- ¼ de taza de cebolla morada finamente picada
- 2 dientes de ajo, picados
- 1 cucharada de comino molido
- 1 cucharada de cilantro molido
- 1 cucharadita de cúrcuma molida
- Sal y pimienta para probar
- 4 panes de hamburguesa
- Hummus, tomate en rodajas y nabos encurtidos para cubrir

INSTRUCCIONES:
a) En un tazón, combine el cordero molido, la cebolla morada, el ajo, el comino, el cilantro, la cúrcuma, la sal y la pimienta.
b) Mezclar bien hasta que todos los ingredientes estén incorporados uniformemente.
c) Divide la mezcla en cuatro porciones iguales y dales forma de hamburguesas.
d) Precalienta una parrilla o una sartén a fuego medio-alto.
e) Cocine las hamburguesas de cordero durante unos 4-5 minutos por lado, o hasta que alcancen el nivel deseado de cocción.
f) Tuesta ligeramente los panecillos de hamburguesa a la parrilla o en una tostadora.
g) Unte hummus en la mitad inferior de cada panecillo.
h) Coloque encima una hamburguesa de cordero, seguida de tomates en rodajas y nabos en escabeche.
i) Cubrir con la mitad superior del panecillo y servir.

38. Hamburguesa De Cordero Con Hierbas

INGREDIENTES:
- 1 libra de cordero molido
- 2 cucharadas de romero fresco picado
- 2 cucharadas de tomillo fresco picado
- 2 dientes de ajo, picados
- 1 cucharadita de ralladura de limón
- Sal y pimienta para probar
- 4 panes de hamburguesa
- Queso de cabra, cebolla caramelizada y rúcula para cubrir

INSTRUCCIONES:
a) En un bol, combine el cordero molido, el romero, el tomillo, el ajo, la ralladura de limón, la sal y la pimienta.
b) Mezclar bien hasta que todos los ingredientes estén incorporados uniformemente.
c) Divide la mezcla en cuatro porciones iguales y dales forma de hamburguesas.
d) Precalienta una parrilla o una sartén a fuego medio-alto.
e) Cocine las hamburguesas de cordero durante unos 4-5 minutos por lado, o hasta que alcancen el nivel deseado de cocción.
f) Tuesta ligeramente los panecillos de hamburguesa a la parrilla o en una tostadora.
g) Unte queso de cabra en la mitad inferior de cada panecillo.
h) Coloque encima una hamburguesa de cordero, seguida de cebollas caramelizadas y rúcula.
i) Cubrir con la mitad superior del panecillo y servir.

39. Hamburguesa india de cordero con especias

INGREDIENTES:
- 1 libra de cordero molido
- ¼ de taza de cebolla morada finamente picada
- 2 dientes de ajo, picados
- 1 cucharada de curry en polvo
- 1 cucharadita de comino molido
- 1 cucharadita de cilantro molido
- Sal y pimienta para probar
- 4 panes de hamburguesa
- Chutney de mango, pepino en rodajas y lechuga para cubrir

INSTRUCCIONES:
a) En un tazón, combine el cordero molido, la cebolla morada, el ajo, el curry en polvo, el comino, el cilantro, la sal y la pimienta.
b) Mezclar bien hasta que todos los ingredientes estén incorporados uniformemente.
c) Divide la mezcla en cuatro porciones iguales y dales forma de hamburguesas.
d) Precalienta una parrilla o una sartén a fuego medio-alto.
e) Cocine las hamburguesas de cordero durante unos 4-5 minutos por lado, o hasta que alcancen el nivel deseado de cocción.
f) Tuesta ligeramente los panecillos de hamburguesa a la parrilla o en una tostadora.
g) Unte el chutney de mango en la mitad inferior de cada panecillo.
h) Coloque encima una hamburguesa de cordero, seguida de rodajas de pepino y lechuga.
i) Cubrir con la mitad superior del panecillo y servir.

40. Hamburguesa de cordero de inspiración italiana

INGREDIENTES:
- 1 libra de cordero molido
- ¼ de taza de cebolla morada finamente picada
- 2 dientes de ajo, picados
- ¼ taza de queso parmesano rallado
- 2 cucharadas de albahaca fresca picada
- 2 cucharadas de perejil fresco picado
- Sal y pimienta para probar
- 4 panes de hamburguesa
- Salsa marinara, queso mozzarella y hojas de albahaca fresca para cubrir

INSTRUCCIONES:
a) En un bol, combine el cordero molido, la cebolla morada, el ajo, el queso parmesano, la albahaca, el perejil, la sal y la pimienta.
b) Mezclar bien hasta que todos los ingredientes estén incorporados uniformemente.
c) Divide la mezcla en cuatro porciones iguales y dales forma de hamburguesas.
d) Precalienta una parrilla o una sartén a fuego medio-alto.
e) Cocine las hamburguesas de cordero durante unos 4-5 minutos por lado, o hasta que alcancen el nivel deseado de cocción.
f) Tuesta ligeramente los panecillos de hamburguesa a la parrilla o en una tostadora.
g) Unte salsa marinara en la mitad inferior de cada panecillo.
h) Coloque encima una hamburguesa de cordero, seguida de queso mozzarella y hojas de albahaca fresca.
i) Cubrir con la mitad superior del panecillo y servir.

41. Hamburguesa de cordero de inspiración asiática

INGREDIENTES:
- 1 libra de cordero molido
- ¼ taza de cebolla verde finamente picada
- 2 dientes de ajo, picados
- 2 cucharadas de salsa de soja
- 1 cucharada de aceite de sésamo
- 1 cucharadita de jengibre fresco rallado
- Sal y pimienta para probar
- 4 panes de hamburguesa
- Mayonesa de sriracha, pepino en rodajas y cilantro para cubrir

INSTRUCCIONES:
a) En un bol, combine el cordero molido, la cebolla verde, el ajo, la salsa de soja, el aceite de sésamo, el jengibre rallado, la sal y la pimienta.
b) Mezclar bien hasta que todos los ingredientes estén incorporados uniformemente.
c) Divide la mezcla en cuatro porciones iguales y dales forma de hamburguesas.
d) Precalienta una parrilla o una sartén a fuego medio-alto.
e) Cocine las hamburguesas de cordero durante unos 4-5 minutos por lado, o hasta que alcancen el nivel deseado de cocción.
f) Tuesta ligeramente los panecillos de hamburguesa a la parrilla o en una tostadora.
g) Unte mayonesa de sriracha en la mitad inferior de cada panecillo.
h) Coloque una hamburguesa de cordero encima, seguida de rodajas de pepino y cilantro.
i) Cubrir con la mitad superior del panecillo y servir.

HAMBURGUESAS DE CERDO

42. Hamburguesas De Chorizo

INGREDIENTES:
- 150 g de chorizo fresco, sin tripa y desmenuzado
- 500 g de carne picada magra
- 2 cucharaditas de pimentón dulce ahumado (pimentón)
- 2 cucharadas de hojas de perejil picado
- 2 cucharadas de aceite de oliva
- 1 cebolla, finamente picada
- 2 tomates, finamente picados
- ¼ de taza de puré de tomates Ardmona
- 4 rebanadas de jamón o prosciutto
- 4 rebanadas de queso sabroso
- 4 panes de brioche o hamburguesa, partidos y tostados
- Hojas de rúcula, para servir

INSTRUCCIONES:
a) En un procesador de alimentos, combine el chorizo desmenuzado, la carne magra picada, 1 cucharadita de pimentón dulce ahumado y 1 cucharada de perejil picado. Pulse para combinar. Sazona la mezcla son sal y pimienta.

b) Forme 4 hamburguesas con la mezcla. Cubra y refrigere durante 30 minutos para que se endurezca.

c) Calienta 1 cucharada de aceite de oliva en una sartén a fuego medio. Cocine la cebolla finamente picada durante 1-2 minutos hasta que se ablande. Agregue el tomate finamente picado, el puré de tomates Ardmona y la cucharadita restante de pimentón dulce ahumado. Cocine durante 3-4 minutos más, revolviendo ocasionalmente, hasta que la mezcla espese. Agrega la 1 cucharada restante de perejil picado. Condimentar con sal y pimienta.

d) Precalienta una sartén para asar a fuego medio-alto. Cocine el jamón o prosciutto por ambos lados hasta que esté crujiente. Retirar y mantener caliente.
e) Unte las hamburguesas con la 1 cucharada restante de aceite de oliva. Cocínelos, volteándolos, durante aproximadamente 6 minutos o hasta que estén bien cocidos. Coloque una rebanada de queso sabroso sobre cada hamburguesa y cocine por 1 minuto más o hasta que el queso se derrita.

MONTAR LAS HAMBURGUESAS:
f) Para servir, divida la mitad de la salsa de tomate entre las mitades inferiores del brioche o del pan de hamburguesa. Cubra cada uno con hojas de rúcula, una hamburguesa, más condimento, jamón o prosciutto y las mitades superiores de los panecillos.
g) ¡Disfruta de tus sabrosas Hamburguesas de Chorizo!

43. Hamburguesa de Cerdo y Ternera con Alioli

INGREDIENTES:
PARA PATATAS FRITAS DULCES AL HORNO:
- 800 g de batatas (con piel), cortadas en gajos finos
- ¼ taza de aceite de oliva
- Sal y pimienta para probar
- Para hamburguesas de cerdo y ternera con hierbas:
- 800 g de carne picada mixta de ternera y cerdo
- 1 huevo, ligeramente batido
- ¾ de taza (55 g) de pan rallado seco
- ½ manojo de cebollino, finamente picado
- 1 taza de hojas de perejil de hoja plana, picadas
- ½ cucharada de hojas de estragón picadas
- 2 cucharadas de Tabasco verde (u otra salsa de chile)
- 1½ cucharadas de aceite de salvado de arroz
- 4 rebanadas de queso provolone

PARA CALABACÍN A LA PLANCHA:
- 2 calabacines, cortados en rodajas finas horizontalmente (usando una mandolina)

PARA MONTAJE DE HAMBURGUESAS:
- 4 panes de hamburguesa brioche, cortados por la mitad y tostados
- 1 lechuga mantecosa, con las hojas separadas

PARA AIOLI DE AGUACATE:
- ½ taza (125 ml) de alioli de ajo
- 1 aguacate, picado
- ½ manojo de cebollino, finamente picado
- ½ taza de hojas de perejil de hoja plana, picadas
- 1 cucharadita de hojas de estragón, picadas
- 2 cucharadas de Tabasco verde (u otra salsa de chile)
- Jugo de ½ limón

INSTRUCCIONES:
CHIPS DE BATATA AL HORNO:
a) Precalienta el horno a 200°C. Extienda las rodajas de papa en 2 bandejas para horno forradas con papel de hornear, rocíe con aceite de oliva, sazone bien con sal y pimienta y revuelva para cubrir.

b) Ase los gajos de camote, volteándolos hasta la mitad, durante 40 minutos o hasta que estén tiernos y crujientes por fuera. Cubra ligeramente con papel aluminio y regrese al horno durante 5 minutos antes de servir.

EMPANADAS DE CERDO Y TERNERA CON HIERBAS:
c) Combine la carne picada de ternera y cerdo, el huevo, el pan rallado, las hierbas y el Tabasco en un bol. Sazone bien y forme 4 hamburguesas grandes. Refrigere por 15 minutos para que se endurezca.

d) Calienta una parrilla o parrilla a fuego medio-alto. Unte ligeramente las hamburguesas con 1 cucharada de aceite y cocine durante 4-5 minutos por cada lado hasta que estén bien cocidas.

e) Cubra cada uno con una rodaja de queso provolone y deje que el calor residual lo derrita. Deje reposar durante 2 minutos, cubierto sin apretar con papel de aluminio.

CALABACÍN A LA PLANCHA:
f) Coloque las rodajas de calabacín en una bandeja, unte ambos lados con el aceite restante y cocine a la parrilla, volteándolas una vez, durante 2 minutos o hasta que estén carbonizadas y tiernas.

AIOLI DE AGUACATE:

g) En una licuadora, combine el alioli de ajo, el aguacate picado, el cebollino, las hojas de perejil, las hojas de estragón, el tabasco verde y el jugo de limón. Licue hasta que quede suave y sazone al gusto.

MONTAJE DE HAMBURGUESA:

h) Unte los lados cortados de los panecillos con 1 cucharada de alioli de aguacate.

i) Cubra cada base de panecillo con lechuga, una hamburguesa de cerdo y ternera con hierbas, más lechuga, calabacines asados y la tapa del panecillo.

j) Sirva con chips de camote al horno y alioli extra de aguacate.

k) ¡Disfruta de tus hamburguesas de cerdo y ternera con hierbas y alioli de aguacate!

44. Deslizadores de cerdo desmenuzado Kahlua

INGREDIENTES:
PARA EL CERDO DESMONTADO:
- 3 libras de paleta o lomo de cerdo
- 1 cebolla, en rodajas finas
- 4 dientes de ajo, picados
- 1 taza de Kahlúa
- ½ taza de salsa barbacoa
- ¼ de taza de vinagre de manzana
- 2 cucharadas de azúcar moreno
- 1 cucharada de mostaza Dijon
- 1 cucharada de pimentón ahumado
- 1 cucharadita de sal
- ½ cucharadita de pimienta negra
- Panes deslizantes o mini panecillos para hamburguesas

PARA LA ENSALADA DE COL:
- 2 tazas de repollo rallado (verde o morado, o una mezcla)
- 1 zanahoria rallada
- ¼ taza de mayonesa
- 1 cucharada de vinagre de manzana
- 1 cucharada de miel
- Sal y pimienta para probar

INSTRUCCIONES:
a) En una olla de cocción lenta o multicocción, coloque la cebolla en rodajas finas y el ajo picado en el fondo.

b) En un tazón, combine el Kahlua, la salsa barbacoa, el vinagre de sidra de manzana, el azúcar moreno, la mostaza de Dijon, el pimentón ahumado, la sal y la pimienta negra. Revuelva hasta que esté bien combinado.

c) Coloque la paleta de cerdo o la colilla de cerdo encima de las cebollas y el ajo en la olla de cocción lenta.

d) Vierta la mezcla de Kahlua sobre la carne de cerdo, asegurándose de cubrirla uniformemente.
e) Tape la olla de cocción lenta y cocine a fuego lento durante 8 a 10 horas, o a fuego alto durante 4 a 6 horas, hasta que la carne de cerdo esté tierna y se desmenuce fácilmente con un tenedor.
f) Mientras se cocina la carne de cerdo, prepare la ensalada de col combinando el repollo rallado, la zanahoria rallada, la mayonesa, el vinagre de sidra de manzana, la miel, la sal y la pimienta en un bol. Mezcle bien hasta que la ensalada de col esté cubierta con el aderezo. Refrigere hasta que esté listo para su uso.
g) Una vez que la carne de cerdo esté cocida, retírala de la olla de cocción lenta y desmenúzala con dos tenedores.
h) Vuelva a colocar la carne de cerdo desmenuzada en la olla de cocción lenta y revuélvala con los jugos restantes de la cocción. Déjelo reposar durante 10 a 15 minutos más para absorber los sabores.
i) Para armar los controles deslizantes, coloque una cantidad generosa de carne de cerdo desmenuzada Kahlua en la mitad inferior de un panecillo deslizante. Cúbrelo con una cucharada de ensalada de col y cúbrelo con la otra mitad del panecillo.
j) ¡Sirve las hamburguesas de cerdo desmenuzadas Kahlua calientes y disfrútalas!

45. Hamburguesa Crujiente De Tocino Y Huevo

INGREDIENTES:
- 1 panecillo
- 1 huevo
- 2 rebanadas de tocino
- 1 cucharadita de aceite de oliva
- 1 cucharada de queso Gouda, rallado
- 1 taza de agua

INSTRUCCIONES:
a) Caliente el aceite para saltear a temperatura alta y cocine el tocino hasta que esté crujiente, aproximadamente 2-3 minutos por lado. Retirar a una toalla de papel y limpiar el exceso de grasa.
b) Pon un salvamanteles y vierte agua en la olla. Desmenuza el tocino en un molde y rompe el huevo encima.
c) Espolvorea con queso Gouda, cubre con papel de aluminio y coloca el molde encima del salvamanteles. Selle la tapa.
d) Cocine durante 15 minutos a temperatura alta en COCCIÓN A PRESIÓN/MANUAL. Cuando esté listo, libere rápidamente la presión.
e) Arma la hamburguesa cortando el pan por la mitad y colocando la mezcla en el medio.

46. Hamburguesas con queso y salsa de pepinos encurtidos

INGREDIENTES:
- 4 rebanadas extra gruesas de tocino ahumado
- 1kg de ternera picada 20% grasa
- 1 cucharada de aceite de oliva suave
- 4 rebanadas de queso Monterey Jack o Cheddar
- 4 panes de hamburguesa con semillas de sésamo
- 1-2 tomates, en rodajas gruesas
- Un puñado pequeño de pepinillos de hamburguesa en rodajas
- 2 puñados grandes de lechuga iceberg rallada
- Sal marina y pimienta negra recién molida
- Para la salsa de hamburguesa
- 150 g de mayonesa
- 2 cucharaditas de mostaza americana suave de Frenchy
- 1 cucharada de salsa de tomate
- 4 cucharadas de salsa de pepino encurtido
- 3 cucharaditas de vinagre de vino blanco
- 1 cucharadita de cebolla en polvo
- 1 cucharadita de ajo en polvo
- ½ cucharadita de pimentón dulce ahumado

INSTRUCCIONES:
a) Precalienta la parrilla a fuego alto.
b) Coloque el tocino en una bandeja para hornear y colóquelo debajo de la parrilla durante 8 a 10 minutos o hasta que esté crujiente.
c) Mezclar todos los ingredientes de la salsa.
d) Coloque la carne picada en un bol y sazone con sal y pimienta. Mezcla bien con las manos limpias y forma 4 hamburguesas grandes.
e) Calentar el aceite en una sartén grande y, cuando esté caliente, añadir las hamburguesas. Cocine durante 3

minutos por cada lado, luego cubra cada uno con una rebanada de queso, baje el fuego y tape la sartén.
f) Cuando el tocino esté cocido, corta los panes de hamburguesa por la mitad y colócalos debajo de la parrilla hasta que estén ligeramente tostados.
g) Unte 2 cucharadas de salsa en la mitad inferior de los panecillos, luego coloque las hamburguesas encima y luego el tocino. Añade ahora las rodajas de tomate, los pepinillos y la lechuga. Unte otras 2 cucharadas de salsa sobre las mitades restantes de los panecillos y colóquelas encima.

47. Hamburguesa De Cerdo Teriyaki

INGREDIENTES:
- 1 libra de cerdo molido
- ¼ de taza de salsa teriyaki
- 2 cucharadas de cebolla verde finamente picada
- 1 diente de ajo, picado
- 1 cucharadita de jengibre fresco rallado
- Sal y pimienta para probar
- 4 panes de hamburguesa
- Rodajas de piña y lechuga para cubrir

INSTRUCCIONES:
a) En un tazón, combine la carne de cerdo molida, la salsa teriyaki, la cebolla verde, el ajo, el jengibre, la sal y la pimienta.
b) Mezclar bien hasta que todos los ingredientes estén incorporados uniformemente.
c) Divide la mezcla en cuatro porciones iguales y dales forma de hamburguesas.
d) Precalienta una parrilla o una sartén a fuego medio-alto.
e) Cocine las hamburguesas de cerdo durante aproximadamente 4 a 5 minutos por lado, o hasta que alcancen una temperatura interna de 160 °F (71 °C).
f) Tuesta ligeramente los panecillos de hamburguesa a la parrilla o en una tostadora.
g) Coloque una hamburguesa de cerdo en la mitad inferior de cada panecillo.
h) Cubra con rodajas de piña y lechuga.
i) Cubrir con la mitad superior del panecillo y servir.

48. Hamburguesa de cerdo con manzana y salvia

INGREDIENTES:
- 1 libra de cerdo molido
- ½ taza de manzana rallada
- 2 cucharadas de salvia fresca picada
- 1 diente de ajo, picado
- Sal y pimienta para probar
- 4 panes de hamburguesa
- Cebollas caramelizadas y rúcula para cubrir

INSTRUCCIONES:
a) En un tazón, combine la carne de cerdo molida, la manzana rallada, la salvia, el ajo, la sal y la pimienta.
b) Mezclar bien hasta que todos los ingredientes estén incorporados uniformemente.
c) Divide la mezcla en cuatro porciones iguales y dales forma de hamburguesas.
d) Precalienta una parrilla o una sartén a fuego medio-alto.
e) Cocine las hamburguesas de cerdo durante aproximadamente 4 a 5 minutos por lado, o hasta que alcancen una temperatura interna de 160 °F (71 °C).
f) Tuesta ligeramente los panecillos de hamburguesa a la parrilla o en una tostadora.
g) Coloque una hamburguesa de cerdo en la mitad inferior de cada panecillo.
h) Cubra con cebollas caramelizadas y rúcula.
i) Cubrir con la mitad superior del panecillo y servir.

49. Hamburguesa de cerdo con jalapeño y queso cheddar

INGREDIENTES:
- 1 libra de cerdo molido
- ¼ de taza de jalapeños finamente picados (sin semillas para un picante más suave)
- ¼ taza de queso cheddar rallado
- 1 diente de ajo, picado
- Sal y pimienta para probar
- 4 panes de hamburguesa
- Aguacate en rodajas y mayonesa de chipotle para cubrir

INSTRUCCIONES:
a) En un tazón, combine la carne de cerdo molida, los jalapeños, el queso cheddar, el ajo, la sal y la pimienta.
b) Mezclar bien hasta que todos los ingredientes estén incorporados uniformemente.
c) Divide la mezcla en cuatro porciones iguales y dales forma de hamburguesas.
d) Precalienta una parrilla o una sartén a fuego medio-alto.
e) Cocine las hamburguesas de cerdo durante aproximadamente 4 a 5 minutos por lado, o hasta que alcancen una temperatura interna de 160 °F (71 °C).
f) Tuesta ligeramente los panecillos de hamburguesa a la parrilla o en una tostadora.
g) Coloque una hamburguesa de cerdo en la mitad inferior de cada panecillo.
h) Cubra con aguacate en rodajas y mayonesa de chipotle.
i) Cubrir con la mitad superior del panecillo y servir.

50. Hamburguesa de cerdo al estilo italiano

INGREDIENTES:
- 1 libra de cerdo molido
- 2 cucharadas de tomates secados al sol finamente picados
- 2 cucharadas de queso parmesano rallado
- 1 diente de ajo, picado
- 1 cucharadita de albahaca seca
- Sal y pimienta para probar
- 4 panes de hamburguesa
- Salsa marinara, queso mozzarella y hojas de albahaca fresca para cubrir

INSTRUCCIONES:
a) En un tazón, combine la carne de cerdo molida, los tomates secados al sol, el queso parmesano, el ajo, la albahaca, la sal y la pimienta.
b) Mezclar bien hasta que todos los ingredientes estén incorporados uniformemente.
c) Divide la mezcla en cuatro porciones iguales y dales forma de hamburguesas.
d) Precalienta una parrilla o una sartén a fuego medio-alto.
e) Cocine las hamburguesas de cerdo durante aproximadamente 4 a 5 minutos por lado, o hasta que alcancen una temperatura interna de 160 °F (71 °C).
f) Tuesta ligeramente los panecillos de hamburguesa a la parrilla o en una tostadora.
g) Unte salsa marinara en la mitad inferior de cada panecillo.
h) Coloque encima una hamburguesa de cerdo, seguida de queso mozzarella y hojas de albahaca fresca.
i) Cubrir con la mitad superior del panecillo y servir.

51. Hamburguesa de cerdo con tocino y arce

INGREDIENTES:
- 1 libra de cerdo molido
- 2 cucharadas de jarabe de arce
- 4 rebanadas de tocino cocido, desmenuzado
- 1 diente de ajo, picado
- Sal y pimienta para probar
- 4 panes de hamburguesa
- Mostaza de arce y Dijon, lechuga y tomate para cubrir

INSTRUCCIONES:
a) En un tazón, combine la carne de cerdo molida, el jarabe de arce, el tocino desmenuzado, el ajo, la sal y la pimienta.
b) Mezclar bien hasta que todos los ingredientes estén incorporados uniformemente.
c) Divide la mezcla en cuatro porciones iguales y dales forma de hamburguesas.
d) Precalienta una parrilla o una sartén a fuego medio-alto.
e) Cocine las hamburguesas de cerdo durante aproximadamente 4 a 5 minutos por lado, o hasta que alcancen una temperatura interna de 160 °F (71 °C).
f) Tuesta ligeramente los panecillos de hamburguesa a la parrilla o en una tostadora.
g) Unte mostaza de arce y Dijon en la mitad inferior de cada panecillo.
h) Coloque encima una hamburguesa de cerdo, seguida de lechuga y tomate.
i) Cubrir con la mitad superior del panecillo y servir.

52. Hamburguesa De Cerdo Teriyaki Y Piña

INGREDIENTES:
- 1 libra de cerdo molido
- ¼ de taza de salsa teriyaki
- 2 cucharadas de cebolla verde finamente picada
- 1 diente de ajo, picado
- 4 aros de piña
- Sal y pimienta para probar
- 4 panes de hamburguesa
- Mayonesa de Sriracha y lechuga para cubrir

INSTRUCCIONES:
a) En un tazón, combine la carne de cerdo molida, la salsa teriyaki, la cebolla verde, el ajo, la sal y la pimienta.
b) Mezclar bien hasta que todos los ingredientes estén incorporados uniformemente.
c) Divide la mezcla en cuatro porciones iguales y dales forma de hamburguesas.
d) Precalienta una parrilla o una sartén a fuego medio-alto.
e) Cocine las hamburguesas de cerdo durante aproximadamente 4 a 5 minutos por lado, o hasta que alcancen una temperatura interna de 160 °F (71 °C).
f) Mientras se cocinan las hamburguesas, asa los aros de piña durante 1 a 2 minutos por cada lado.
g) Tuesta ligeramente los panecillos de hamburguesa a la parrilla o en una tostadora.
h) Unte mayonesa de sriracha en la mitad inferior de cada panecillo.
i) Coloque encima una hamburguesa de cerdo, seguida de un aro de piña asada y lechuga.
j) Cubrir con la mitad superior del panecillo y servir.

53. Hamburguesa Mediterránea De Cerdo

INGREDIENTES:
- 1 libra de cerdo molido
- ¼ de taza de cebolla morada finamente picada
- 2 dientes de ajo, picados
- 2 cucharadas de perejil fresco picado
- 1 cucharada de menta fresca picada
- 1 cucharadita de comino molido
- Sal y pimienta para probar
- 4 panes de hamburguesa
- Salsa tzatziki, lechuga y tomate para cubrir

INSTRUCCIONES:
a) En un tazón, combine la carne de cerdo molida, la cebolla morada, el ajo, el perejil, la menta, el comino, la sal y la pimienta.
b) Mezclar bien hasta que todos los ingredientes estén incorporados uniformemente.
c) Divide la mezcla en cuatro porciones iguales y dales forma de hamburguesas.
d) Precalienta una parrilla o una sartén a fuego medio-alto.
e) Cocine las hamburguesas de cerdo durante aproximadamente 4 a 5 minutos por lado, o hasta que alcancen una temperatura interna de 160 °F (71 °C).
f) Tuesta ligeramente los panecillos de hamburguesa a la parrilla o en una tostadora.
g) Unte la salsa tzatziki en la mitad inferior de cada panecillo.
h) Coloque encima una hamburguesa de cerdo, seguida de lechuga y tomate.
i) Cubrir con la mitad superior del panecillo y servir.

54. Hamburguesa de cerdo con salvia y manzana

INGREDIENTES:
- 1 libra de cerdo molido
- ½ taza de manzana rallada
- 2 cucharadas de salvia fresca picada
- 2 dientes de ajo, picados
- Sal y pimienta para probar
- 4 panes de hamburguesa
- Cebollas caramelizadas y queso suizo para cubrir

INSTRUCCIONES:
a) En un tazón, combine la carne de cerdo molida, la manzana rallada, la salvia, el ajo, la sal y la pimienta.
b) Mezclar bien hasta que todos los ingredientes estén incorporados uniformemente.
c) Divide la mezcla en cuatro porciones iguales y dales forma de hamburguesas.
d) Precalienta una parrilla o una sartén a fuego medio-alto.
e) Cocine las hamburguesas de cerdo durante aproximadamente 4 a 5 minutos por lado, o hasta que alcancen una temperatura interna de 160 °F (71 °C).
f) Tuesta ligeramente los panecillos de hamburguesa a la parrilla o en una tostadora.
g) Coloque una hamburguesa de cerdo en la mitad inferior de cada panecillo.
h) Cubra con cebollas caramelizadas y queso suizo.
i) Cubrir con la mitad superior del panecillo y servir.
j) ¡Disfruta preparando y saboreando estas sabrosas recetas de hamburguesas de cerdo!

HAMBURGUESA DE PESCADO Y MARISCOS

55. Hamburguesas de pescado desmenuzado del viernes por la noche

INGREDIENTES:
- ½ taza (75 g) de harina común
- 2 huevos, ligeramente batidos
- 1 ½ tazas (150 g) de pan rallado seco
- 4 filetes de pargo sin piel, cada uno con un peso aproximado de 150 g
- Aceite de girasol para freír
- 1 zanahoria, rallada
- 1 remolacha, rallada
- 2 cucharadas de mayonesa, más extra para untar
- ⅓ manojo de eneldo, ramitas ralladas
- 4 pepinillos, en rodajas finas
- Jugo de ½ limón, más gajos de limón para servir
- 1 lechuga baby cos, con las hojas separadas
- 4 panes de hamburguesa brioche, ligeramente tostados

INSTRUCCIONES:
a) Prepare tres platos separados con harina común, huevos batidos y pan rallado seco, y sazone cada plato. Pasar cada filete de pargo por harina, luego pasarlo por huevo batido y, finalmente, pasarlo por pan rallado.

b) Calienta aceite de girasol en una sartén a fuego medio-alto. Fríe los filetes de pargo durante 4-5 minutos, dándoles la vuelta, hasta que se doren y estén bien cocidos.

PREPARAR LA ENSALADA:

c) En un bol, combine la zanahoria rallada, la remolacha rallada, la mayonesa, el eneldo rallado, los pepinillos en rodajas, el jugo de limón y sazone al gusto.

MONTAR LAS HAMBURGUESAS:

d) Coloque algunas hojas de lechuga en el fondo de cada pan de hamburguesa brioche, luego cubra con el filete de pescado frito, seguido de la ensalada de repollo y, finalmente, el pan superior untado con un poco más de mayonesa.

e) Sirva sus deliciosas hamburguesas de pescado desmenuzado con rodajas de limón adicionales. ¡Disfruta de tu comida del viernes por la noche!

56. Hamburguesas de pescado rebozadas con cerveza y ensalada tártara

INGREDIENTES:
- Aceite vegetal, para freír
- 1 taza (150 g) de harina con levadura
- 2 cucharadas de harina de arroz, más $\frac{1}{2}$ taza extra (75 g) para espolvorear
- 1 $\frac{1}{2}$ tazas (375 ml) de cerveza
- 1 cucharadita de sal de apio
- 400 g de pescado blanco firme
- 1 cucharadita de sal de pollo
- 6 panecillos ciabatta
- 2 tomates, en rodajas finas

PARA LA ENSALADA DE TARTAR ICEBERG:
- 1 cebolla morada pequeña, finamente cortada
- Jugo y ralladura de 1 limón
- 2 cucharadas de alcaparras, picadas
- 8 pepinillos (o cualquier pepinillo), finamente picados, más un extra para servir
- $\frac{1}{4}$ de lechuga iceberg, rallada
- 1 cucharada de eneldo picado
- $\frac{1}{2}$ taza (150 g) de mayonesa

INSTRUCCIONES:
PREPARAR LA ENSALADA:
a) En un tazón, combine todos los ingredientes de la ensalada excepto la mayonesa.

PREPARACIÓN PARA FREÍR:
b) Forre una bandeja para hornear con toallas de papel.

c) Calienta 5 cm de aceite vegetal en una cacerola amplia o wok a fuego medio-alto hasta que alcance los 180°C en un termómetro. Si no tienes termómetro, puedes comprobar si el aceite está lo suficientemente caliente echando un cubo de pan en él; Debería dorarse en 30 segundos.

HACER LA BATEADORA:
d) En un recipiente aparte, mezcle la harina con levadura, la harina de arroz, la cerveza y la sal de apio para crear la masa. Coloque la harina de arroz extra en otro bol. Trabajando en tandas, cubra los filetes de pescado con harina de arroz, sumérjalos en la masa y luego agréguelos al aceite caliente. Freír durante 3-4 minutos o hasta que el pescado esté bien cocido y la masa se dore y se hinche.
e) Transfiera el pescado frito a la bandeja preparada y espolvoree con un poco de sal de pollo. Repite el proceso con los filetes de pescado restantes.

MONTAR LAS HAMBURGUESAS:
f) Combine la mayonesa con la ensalada y mezcle para cubrir y combinar. Divida esta mezcla de ensalada entre los panecillos ciabatta y cubra con el pescado frito y las rodajas de tomate.
g) Asegure las hamburguesas con brochetas y agregue un pepinillo extra encima para darle un toque extra. ¡Servir y disfrutar!

57. Hamburguesa De Pescado Tempura

INGREDIENTES:
- 1 taza (250 ml) de vinagre de manzana
- 2 cucharadas de azúcar blanca
- 1 cucharadita de semillas de mostaza y de alcaravea
- 2 chiles secos
- 1 bulbo de hinojo, en rodajas finas
- 2 pepinos libaneses, en rodajas finas
- 1 manojo pequeño de eneldo
- $\frac{3}{4}$ taza (225 g) de alioli
- Aceite de girasol, para freír
- 200 g de harina para tempura, más un poco para espolvorear
- 2 filetes de pargo medianos, deshuesados, cada filete cortado por la mitad
- 4 panecillos de brioche grandes, tostados
- Lechuga iceberg, para servir

INSTRUCCIONES:
a) En una cacerola, combine el vinagre de sidra de manzana, el azúcar blanca, las semillas de mostaza, las semillas de alcaravea, los chiles secos, 2 cucharaditas de sal en escamas y $\frac{3}{4}$ de taza (180 ml) de agua.
b) Lleve la mezcla a ebullición, luego reduzca el fuego y cocine a fuego lento durante 5 minutos. En un recipiente resistente al calor, coloque el hinojo en rodajas finas, el pepino y tres cuartas partes del eneldo.
c) Vierta la mezcla de vinagre caliente sobre ellos y déjela a un lado para que se enfríe y encurta ligeramente durante al menos 10 minutos.
d) Caliente el aceite de girasol en una freidora o cacerola grande a 190°C (un cubo de pan se dorará en 10 segundos cuando el aceite esté lo suficientemente caliente).

e) Sigue las instrucciones del paquete de harina para tempura para hacer la masa.
f) Espolvorea ligeramente el pescado con más harina y cúbrelo con la masa. Freír el pescado, volteándolo una vez, durante 2-3 minutos hasta que esté dorado. Escurrirlas sobre toallas de papel.

MONTAR LAS HAMBURGUESAS:

g) Escurre la mitad de los pepinillos (el resto se puede guardar en un recipiente sellado en el refrigerador hasta por 2 semanas).
h) Unte las bases de los panecillos de brioche tostados con la mitad del alioli de eneldo, luego cúbralas con lechuga, el pescado frito en tempura, el pepinillo y el resto del alioli de eneldo. Finalmente, emparede las hamburguesas con la parte superior de los panecillos.
i) ¡Disfruta de tu deliciosa hamburguesa de pescado en tempura con pepinillo y pepinillo de hinojo!

58. Hamburguesa de Filete de Pescado

INGREDIENTES:
- 1 hamburguesa de pescado blanco empanizada congelada
- 1 pan de hamburguesa pequeño y normal
- 1 cucharada de salsa tártara preparada
- ½ rebanada de auténtico queso americano
- pizca de sal
- 1 hoja de papel encerado (para envolver)

INSTRUCCIONES:
a) Precalienta tu freidora a 375-400 grados. Una vez que esté listo, cocina el pescado durante 3-5 minutos hasta que esté cocido.
b) Retiramos y añadimos una pizca de sal.
c) Cocine el panecillo en el microondas durante unos 10 segundos, hasta que esté caliente y humeante.
d) Agregue aproximadamente 1 cucharada de salsa tártara preparada al lado de la corona del panecillo.
e) Coloque encima el filete de pescado cocido, agregue ½ rebanada de queso americano en el centro del pescado y agregue el talón del panecillo.
f) Envuélvalo en una hoja de papel encerado de 12" x 12" y caliéntelo en la temperatura más baja del horno durante 8 a 10 minutos.

59. Hamburguesas De Bacalao

INGREDIENTES:
- ½ libra de filetes de bacalao
- ½ cucharadita de ralladura de lima fresca, finamente rallada
- ½ huevo
- ½ cucharadita de pasta de chile rojo
- Sal al gusto
- ½ cucharada de jugo de limón fresco
- 3 cucharadas de coco, rallado y dividido
- 1 cebollino pequeño, finamente picado
- 1 cucharada de perejil fresco, picado

INSTRUCCIONES:
a) En un procesador de alimentos, agregue los filetes de bacalao, la ralladura de lima, el huevo, la pasta de chile, la sal y el jugo de lima y presione hasta que quede suave.
b) Transfiera la mezcla de bacalao a un bol.
c) Agregue 1½ cucharada de coco, cebollino y perejil y mezcle hasta que estén bien combinados.
d) Haga 4 hamburguesas del mismo tamaño con la mezcla.
e) En un plato llano, coloca el coco restante.
f) Cubra las hamburguesas con coco de manera uniforme.
g) Presione el botón AIR OVEN MODE del horno freidora de aire digital y gire el dial para seleccionar el modo "Air Fry".
h) Presione el botón TIEMPO/REBANADAS y gire nuevamente el dial para configurar el tiempo de cocción en 7 minutos.
i) Ahora presione el botón TEMP/SHADE y gire el dial para configurar la temperatura en 375 °F.
j) Presione el botón "Iniciar/Parar" para comenzar.

k) Cuando la unidad emita un pitido para indicar que está precalentada, abra la puerta del horno.
l) Coloque las hamburguesas en la canasta para freír engrasada e introdúzcalas en el horno.
m) Cuando se complete el tiempo de cocción, abra la puerta del horno y sirva caliente.

60. Hamburguesas de pescado de inspiración asiática

INGREDIENTES:

- 500 g de filetes de salmón sin piel, deshuesados y cortados en trozos de 1 cm
- Un trozo de 5 cm (25 g) de jengibre finamente rallado
- 1 chile rojo, finamente picado
- ½ taza (25 g) de pan rallado panko
- 1 cucharada de aceite de oliva
- 4 panes de hamburguesa blancos y suaves, partidos
- ½ pepino libanés, pelado en tiras
- 5 rábanos, recortados y en rodajas finas
- mayonesa de chile
- ⅓ taza (100 g) de mayonesa
- 1 cucharada de salsa de chile
- mayonesa teriyaki
- ⅓ taza (100 g) de mayonesa
- 1 cucharada de salsa teriyaki

INSTRUCCIONES:

a) Pulse la mitad del salmón en un procesador de alimentos hasta que esté finamente picado. Agregue el jengibre y el chile y presione brevemente para combinar. Transfiera a un tazón, revuelva con los trozos de salmón restantes y sazone bien con escamas de sal y pimienta negra recién molida.

b) Forra una bandeja para hornear con papel de horno. Divida la mezcla de salmón en cuatro hamburguesas de 2 cm de grosor. Cubra con cuidado las hamburguesas con pan rallado, presionando las migas en las hamburguesas. Colóquelo en la bandeja preparada, cubra y enfríe durante 20 minutos o hasta que esté firme.

c) Para la mayonesa aromatizada, combine los ingredientes de cada mayonesa en 2 tazones separados.

d) Calienta una parrilla o sartén a fuego medio-alto. Rocíe las hamburguesas de salmón con aceite y cocine, volteándolas hasta la mitad, durante 6 a 8 minutos o hasta que estén doradas y bien cocidas. Ase los panecillos, con el lado cortado hacia abajo, durante 30 segundos o hasta que estén ligeramente tostados.
e) Coloca las bases de tu pan de hamburguesa en un plato. Divida el pepino entre las bases, cubra con las hamburguesas de salmón y el rábano, luego vierta sobre la mayonesa y deje que rocíen por los lados y sobre el plato.
f) Cubra con tapas para panecillos y sirva inmediatamente.

61. Hamburguesa de salmón del pescador de la suerte

INGREDIENTES:
HAMBURGUESA DE SALMÓN:
- 3 huevos
- 5 cucharadas de leche
- Tres latas de 14¾ onzas de salmón salvaje de Alaska, escurrido, sin piel ni espinas, desmenuzado
- 5 cebollas verdes medianas, picadas
- 2½ tazas de pan rallado suave
- ¾ cucharadita de sal

SERVIR:
- 10 panecillos de pretzel
- 12½ tazas de rúcula enjuagada y seca
- 2 tomates grandes, rebanados

SALSA CRACK PARA HAMBURGUESA DE SALMÓN:
- 2½ tazas de crema agria
- 2½ tazas de mayonesa
- 3 cucharadas de alcaparras finamente picadas
- 3 cucharadas de eneldo picado
- 1 limón rallado y exprimido
- 1 cucharada de ajo picado
- Sal y pimienta para probar

INSTRUCCIONES:
MONTAJE DE HAMBURGUESA DE SALMÓN:
a) En un tazón mediano, bata el huevo y la leche con un tenedor o un batidor de varillas.

b) Agregue el salmón de Alaska, las cebolletas, el pan rallado y la sal.

c) Forme 10 hamburguesas con la mezcla, de aproximadamente 4 pulgadas de diámetro.

d) Coloque la hamburguesa de salmón en el horno a 500 grados durante 9 minutos, volteándola una vez, hasta que esté dorada.

e) Unte la salsa de crack en la parte inferior y superior de los panecillos.

f) Una vez lista la hamburguesa, retírala del horno y colócala en la mitad inferior del panecillo.

g) Coloque la rúcula encima del panecillo y luego cubra con los tomates bañados en la salsa crack.

h) Lanza con picos de hamburguesa para mantenerla unida.

PARA LA SALSA CRACK:

i) Mezcle la crema agria y la mayonesa hasta que quede suave.

j) Agregue las alcaparras, el eneldo y el ajo a la mezcla de mayonesa. Revuelve para combinar.

k) Ralla y exprime el limón en la mezcla. Asegúrate de no agregar semillas de limón.

l) Añadir sal y pimienta al gusto.

HAMBURGUESAS DE FRUTAS

62. Hamburguesa De Pollo Con Melocotón Y Brie

INGREDIENTES:
- 1 libra de pollo molido
- ½ taza de duraznos frescos finamente picados
- 2 cucharadas de albahaca fresca picada
- 1 diente de ajo, picado
- Sal y pimienta para probar
- 4 panes de hamburguesa
- Queso brie en rodajas y rúcula para cubrir

INSTRUCCIONES:
a) En un tazón, combine el pollo molido, los duraznos picados, la albahaca, el ajo, la sal y la pimienta.
b) Mezclar bien hasta que todos los ingredientes estén incorporados uniformemente.
c) Divide la mezcla en cuatro porciones iguales y dales forma de hamburguesas.
d) Precalienta una parrilla o una sartén a fuego medio-alto.
e) Cocine las hamburguesas de pollo durante aproximadamente 4 a 5 minutos por lado, o hasta que alcancen una temperatura interna de 165 °F (74 °C).
f) Tuesta ligeramente los panecillos de hamburguesa a la parrilla o en una tostadora.
g) Coloque una hamburguesa de pollo en la mitad inferior de cada panecillo.
h) Cubra con queso brie en rodajas y rúcula.
i) Cubrir con la mitad superior del panecillo y servir.

63. Hamburguesa De Frijoles Negros Y Mango

INGREDIENTES:
- 1 lata (15 oz) de frijoles negros, escurridos y enjuagados
- 1 mango maduro, pelado y cortado en cubitos
- ¼ de taza de cebolla morada finamente picada
- 2 cucharadas de cilantro fresco picado
- 1 cucharadita de comino molido
- ½ cucharadita de chile en polvo
- Sal y pimienta para probar
- ½ taza de pan rallado
- 4 panes de hamburguesa
- Aguacate en rodajas y salsa para cubrir

INSTRUCCIONES:
a) En un tazón grande, triture los frijoles negros con un tenedor hasta que estén parcialmente triturados pero aún queden algunos frijoles enteros.
b) Agrega el mango cortado en cubitos, la cebolla morada, el cilantro, el comino, el chile en polvo, la sal, la pimienta y el pan rallado al bol.
c) Mezclar bien hasta que todos los ingredientes estén combinados.
d) Divide la mezcla en cuatro porciones iguales y dales forma de hamburguesas.
e) Precalienta una parrilla o una sartén a fuego medio-alto.
f) Cocine las hamburguesas de frijoles negros durante unos 4-5 minutos por lado, o hasta que estén completamente calientes y firmes.
g) Tuesta ligeramente los panecillos de hamburguesa a la parrilla o en una tostadora.
h) Coloque una hamburguesa de frijoles negros en la mitad inferior de cada panecillo.
i) Cubra con aguacate en rodajas y salsa.

j) Cubrir con la mitad superior del panecillo y servir.

64. Hamburguesa de ternera con pera y queso azul

INGREDIENTES:
- 1 libra de carne molida
- 1 pera madura, pelada y rallada
- 2 cucharadas de queso azul desmenuzado
- 1 diente de ajo, picado
- Sal y pimienta para probar
- 4 panes de hamburguesa
- Cebollas caramelizadas y espinacas tiernas para cubrir

INSTRUCCIONES:
a) En un bol, combine la carne molida, la pera rallada, el queso azul, el ajo, la sal y la pimienta.
b) Mezclar bien hasta que todos los ingredientes estén incorporados uniformemente.
c) Divide la mezcla en cuatro porciones iguales y dales forma de hamburguesas.
d) Precalienta una parrilla o una sartén a fuego medio-alto.
e) Cocine las hamburguesas de carne durante aproximadamente 4 a 5 minutos por lado, o hasta que alcancen una temperatura interna de 160 °F (71 °C).
f) Tuesta ligeramente los panecillos de hamburguesa a la parrilla o en una tostadora.
g) Coloque una hamburguesa de carne en la mitad inferior de cada panecillo.
h) Cubra con cebollas caramelizadas y espinacas tiernas.
i) Cubrir con la mitad superior del panecillo y servir.

65. Hamburguesa De Melocotón A La Parrilla Y Queso De Cabra

INGREDIENTES:
- 1 libra de carne molida
- 2 duraznos maduros, partidos por la mitad y sin hueso
- 2 onzas de queso de cabra
- 2 cucharadas de albahaca fresca picada
- Sal y pimienta para probar
- 4 panes de hamburguesa
- Lechugas mixtas y miel para cubrir

INSTRUCCIONES:
a) En un tazón, combine la carne molida, la albahaca picada, la sal y la pimienta.
b) Mezclar bien hasta que todos los ingredientes estén incorporados uniformemente.
c) Divide la mezcla en cuatro porciones iguales y dales forma de hamburguesas.
d) Precalienta una parrilla o una sartén a fuego medio-alto.
e) Ase las mitades de durazno durante unos 2-3 minutos por lado, hasta que aparezcan las marcas de la parrilla.
f) Retire las mitades de melocotón de la parrilla y reserve.
g) Cocine las hamburguesas de carne durante aproximadamente 4 a 5 minutos por lado, o hasta que alcancen una temperatura interna de 160 °F (71 °C).
h) Tuesta ligeramente los panecillos de hamburguesa a la parrilla o en una tostadora.
i) Unte queso de cabra en la mitad inferior de cada panecillo.
j) Coloque una hamburguesa de carne encima, seguida de la mitad de un melocotón asado.
k) Cubra con verduras mixtas y rocíe con miel.
l) Cubrir con la mitad superior del panecillo y servir.

66. Hamburguesa de ternera con queso de cabra y arándanos

INGREDIENTES:
- 1 libra de carne molida
- ½ taza de arándanos frescos
- 2 cucharadas de queso de cabra desmenuzado
- 1 diente de ajo, picado
- Sal y pimienta para probar
- 4 panes de hamburguesa
- Rodajas de rúcula y cebolla morada para cubrir

INSTRUCCIONES:
a) En un tazón, combine la carne molida, los arándanos, el queso de cabra, el ajo, la sal y la pimienta.
b) Mezclar bien hasta que todos los ingredientes estén incorporados uniformemente.
c) Divide la mezcla en cuatro porciones iguales y dales forma de hamburguesas.
d) Precalienta una parrilla o una sartén a fuego medio-alto.
e) Cocine las hamburguesas de carne durante aproximadamente 4 a 5 minutos por lado, o hasta que alcancen una temperatura interna de 160 °F (71 °C).
f) Tuesta ligeramente los panecillos de hamburguesa a la parrilla o en una tostadora.
g) Coloque una hamburguesa de carne en la mitad inferior de cada panecillo.
h) Cubra con rúcula y rodajas de cebolla morada.
i) Cubrir con la mitad superior del panecillo y servir.

HAMBURGUESA VEGETARIANA

67. Hamburguesa de batata para la resaca

INGREDIENTES:
- 1 batata, cortada en rodajas de 1 cm de grosor
- 2 cucharadas de aceite de oliva virgen extra
- 4 huevos
- 4 panecillos, cortados transversalmente
- 1 diente de ajo, partido por la mitad
- 1 tomate, partido por la mitad transversalmente
- Hojas tiernas de espinaca, col rizada tierna y hojas pequeñas de albahaca, para servir
- 4 rebanadas de queso sabroso
- Salsa de chile, para untar

INSTRUCCIONES:
a) Precalienta tu horno a 200°C y forra una bandeja para hornear con papel de horno.
b) Mezcle las rodajas de camote con 1 cucharada de aceite de oliva en la bandeja para hornear preparada. Ásalos durante unos 20 minutos o hasta que estén tiernos. Tapar para mantenerlos calientes.
c) Mientras se asan las batatas, caliente la cucharada restante de aceite de oliva en una sartén grande a fuego medio-alto. Rompe los huevos con cuidado y fríelos hasta que las claras estén recién cocidas o hasta que alcancen el nivel de cocción preferido.
d) Aumente el fuego a alto y agregue los panecillos, con el lado cortado hacia abajo. Cocine durante unos 90 segundos o hasta que se tuesten.
e) Frote el lado cortado de cada panecillo con el diente de ajo partido por la mitad y luego frótelo con el tomate partido por la mitad, exprimiendo el jugo del tomate en el pan.

MONTAR LA HAMBURGUESA:

f) Para servir, unte la salsa de chile sobre las mitades superior e inferior de los panecillos. Cubra las mitades inferiores con la batata asada, rodajas de queso sabroso, hojas tiernas de espinaca, col rizada, albahaca y un huevo frito. Sazone al gusto y complete las hamburguesas con las mitades superiores de los panecillos.

g) ¡Disfruta de tu hamburguesa perfecta para el brunch con resaca!

68. Hamburguesas de calabaza y haloumi

INGREDIENTES:
- 650 g de calabaza pelada y picada
- ¼ de taza (60 ml) de aceite de oliva, más un poco más para rociar
- 2 cucharaditas de za'atar
- Lata de 400 g de garbanzos, enjuagados y escurridos, triturados con un tenedor
- 1 taza (70 g) de pan rallado fresco
- 1 taza de hojas de perejil de hoja plana, picadas
- 1 huevo, ligeramente batido
- 200 g de yogur espeso estilo griego
- 1 cucharada de tahini
- Ralladura fina de 1 limón, más 1 cucharada de jugo
- 250 g de halloumi, en rodajas
- 4 panecillos tostados
- Hojas de lechuga con mantequilla y rodajas de tomate, para servir

INSTRUCCIONES:
a) Precalienta tu horno a 220°C.
b) Coloque la calabaza picada en una bandeja para horno, rocíela con aceite de oliva, esparza 1 cucharadita de za'atar y sazone con sal y pimienta.
c) Ase durante 20-25 minutos hasta que la calabaza esté tierna y ligeramente caramelizada.
d) Transfiérelo a un bol y tritúrelo hasta obtener una pasta gruesa con el puré de garbanzos, el pan rallado, el perejil picado y el huevo batido. Forme 4 hamburguesas con esta mezcla y enfríe durante 15 minutos.
e) En un bol, combine el yogur griego, el tahini, la ralladura de limón y el jugo de limón. Condimentar con sal y pimienta. Ponga a un lado hasta que esté listo para servir.

f) Calienta 2 cucharadas de aceite de oliva en una sartén a fuego medio. Fríe las hamburguesas, volteándolas una vez, durante 6-8 minutos hasta que se doren. Mantenlos calientes.
g) Limpia la sartén y regrésala a fuego medio. Agrega la 1 cucharada restante de aceite de oliva y agrega las rodajas de halloumi. Cocine, dándoles la vuelta, durante 1-2 minutos hasta que se doren.
h) **MONTAR LAS HAMBURGUESAS:**
i) Para armar las hamburguesas, unte la base de los panecillos tostados con la mezcla de yogur. Cubra con lechuga, rodajas de tomate, halloumi, una hamburguesa de calabaza y una cucharada extra de la mezcla de yogur. Espolvoree con la cucharadita restante de za'atar, luego coloque las tapas y sirva inmediatamente.
j) ¡Disfruta de tus hamburguesas de calabaza y haloumi!

69. Hamburguesas Haloumi Hash con alioli de col rizada

INGREDIENTES:
- 200 g de patatas Desiree, peladas, ralladas y exprimidas el exceso de agua
- 250 g de halloumi rallado
- 1 cucharada de harina común
- 1 huevo
- 4 champiñones portobello grandes
- Aceite de oliva virgen extra, para rociar
- 1 taza (300 g) de alioli
- 2 tazas de hojas de col rizada picadas, blanqueadas y refrescadas
- 4 panecillos de centeno, partidos, ligeramente tostados
- Hojas de rúcula y Sriracha o salsa de tomate, para servir

INSTRUCCIONES:
a) Precalienta tu horno a 220°C.
b) En un tazón, combine la papa rallada, el halloumi rallado, la harina y el huevo. Sazone la mezcla con pimienta. Forme cuatro rondas con la mezcla en una bandeja para hornear forrada con papel de horno.
c) Coloque la bandeja en el estante superior del horno y hornee, volteando las croquetas de patata a la mitad, durante aproximadamente 30 minutos o hasta que se doren.
d) Mientras tanto, coloca los champiñones portobello en otra bandeja para horno, rocíalos con aceite de oliva y condiméntalos. Hornéelos en el estante inferior del horno (debajo de las croquetas de patata) durante los últimos 15 minutos de cocción o hasta que estén bien cocidos.
e) Coloque el alioli y la col rizada picada en un procesador de alimentos pequeño y procese hasta que la mezcla se vuelva verde y esté bien combinada.

MONTAR LAS HAMBURGUESAS:
f) Unta las bases de los panecillos de centeno con el alioli de col rizada.
g) Cubra cada panecillo con halloumi hash brown, hojas de rúcula, un champiñón asado, Sriracha (o salsa de tomate) y las tapas del panecillo.
h) ¡Disfruta de tus exclusivas y deliciosas hamburguesas Haloumi Hash con Kale Aioli!

70. Hamburguesas De Buñuelos De Calabacín

INGREDIENTES:
- 1 calabacín, rallado grueso
- 80 g de garbanzos enlatados escurridos y finamente picados
- ¼ de taza (50 g) de queso feta, desmenuzado
- ½ taza (40 g) de parmesano rallado
- ¼ de taza de eneldo finamente picado, más 2 cucharadas adicionales picadas
- 1 cucharada de menta finamente picada
- 2 cebolletas, finamente picadas
- 1/4 taza (40 g) de semillas de girasol
- ¼ de taza (35 g) de harina de garbanzos (besan)
- 1 huevo
- Una pizca de pimienta de cayena
- ¼ cucharadita de polvo para hornear
- 40 g de mantequilla sin sal
- ⅓ taza (80 ml) de aceite de oliva
- 4 cebollas moradas, en rodajas finas
- 2 cucharadas de azúcar moreno
- 2 cucharadas de vinagre balsámico
- ⅓ taza (100 g) de mayonesa de buena calidad
- 2 cucharaditas de comino molido
- 1 cucharadita de jugo de limón
- 4 panecillos multicereales
- 1 remolacha, asada, pelada y cortada en rodajas
- 2 tomates roma, rebanados
- 1 taza de hojas de cilantro, picadas en trozos grandes
- 1 taza (35 g) de hojas tiernas de espinaca

INSTRUCCIONES:
a) Coloque el calabacín rallado grueso en un trozo de muselina o un paño limpio y exprímalo para eliminar el

exceso de líquido. Transfiera a un tazón y mezcle con los garbanzos finamente picados, el queso feta desmenuzado, el parmesano rallado, $\frac{1}{4}$ de taza de eneldo finamente picado, la menta, las cebolletas y las semillas de girasol. Sazone generosamente con sal y reserve.

b) En un recipiente aparte, combine la harina de garbanzos, el huevo, la pimienta de cayena y el polvo para hornear con $\frac{1}{4}$ de taza (60 ml) de agua. Batir hasta que se forme una masa suave. Agregue la mezcla de calabacín a la masa de garbanzos y mezcle suavemente hasta que esté bien combinado. Cubra y refrigere por 20 minutos.

c) En una cacerola a fuego lento, derrite la mantequilla y agrega 2 cucharadas de aceite de oliva. Agregue las cebollas moradas en rodajas finas y cocine, revolviendo ocasionalmente, durante 10 a 15 minutos hasta que se vuelvan suaves y traslúcidas. Agrega el azúcar moreno y el vinagre balsámico y cocina por 5 minutos más o hasta que las cebollas se caramelicen. Dejar de lado.

d) Calienta las 2 cucharadas restantes de aceite de oliva en una sartén antiadherente a fuego medio. Vierta una cuarta parte de la mezcla de calabacín en la sartén. Cocine por 3 minutos, luego voltee y cocine por otros 3 minutos o hasta que estén dorados y bien cocidos. Retirar de la sartén y mantener caliente mientras repite con la masa restante.

PREPARAR LA MAYOSA DE ENELDO:

e) En un tazón, combine la mayonesa, las 2 cucharadas restantes de eneldo finamente picado, el comino molido y el jugo de limón.

f) Sazone con sal y mezcle bien.

MONTAR LAS HAMBURGUESAS:

g) Precalienta una parrilla a fuego medio-alto. Corta los panecillos multigrano por la mitad y tuéstalos bajo la parrilla durante 1-2 minutos hasta que estén ligeramente dorados.
h) Unte 1 cucharada de mayonesa de eneldo en la base de cada rollo y cubra con un buñuelo de calabacín, remolacha asada y rodajas de tomate.
i) Cubrir con cilantro picado y hojas tiernas de espinaca y terminar con una cucharada de cebolla caramelizada. Vuelva a colocar las mitades superiores de los panecillos y sirva.
j) ¡Disfruta de tus deliciosas Hamburguesas de Buñuelos de Calabacín!

71. Hamburguesas de champiñones en escabeche y haloumi

INGREDIENTES:
- 1 aguacate grande
- Ralladura fina y jugo de 1 limón
- 2 cucharadas de aceite de oliva
- 4 champiñones portobello, sin tallos
- 1 diente de ajo, machacado
- 4 ramitas de tomillo, con las hojas recogidas
- 1 chile rojo largo, sin semillas, finamente picado
- 1 cucharada de miel
- 2 cucharadas de vinagre de sidra de manzana
- 250 g de haloumi, cortado en 4 rodajas
- 4 panes de hamburguesa, partidos y ligeramente tostados
- Mayonesa y hojas de rúcula silvestre, para servir

INSTRUCCIONES:
a) Tritura el aguacate con un tenedor y sazona. Rocíe la mitad del jugo de limón sobre el puré de aguacate y luego déjelo a un lado.

b) Calienta 1 cucharada de aceite de oliva en una sartén grande a fuego medio. Agrega los champiñones portobello, sazona con pimienta y cocínalos durante unos 6 minutos o hasta que se ablanden un poco.

c) Agrega la 1 cucharada restante de aceite de oliva a la sartén junto con el ajo machacado, las hojas de tomillo, el chile picado, la ralladura de limón y el jugo de limón restante. Cocine, volteando los champiñones para cubrirlos, durante 2 minutos. Luego, rocíe miel, vinagre de manzana y $\frac{1}{2}$ cucharadita de sal.

d) Cocine, volteando, durante 1 minuto más o hasta que los champiñones estén bien cubiertos. Retire la sartén del fuego.

e) Coloca otra sartén a fuego medio. Agrega las rodajas de halloumi y cocina, dándoles la vuelta, durante unos 3 minutos o hasta que se doren.

MONTAR LAS HAMBURGUESAS:

f) Divida el puré de aguacate entre las mitades inferiores de los panes de hamburguesa tostados.

g) Cubra cada uno con una rodaja de halloumi, un champiñón portobello cocido, una cucharada de mayonesa, un puñado de hojas de rúcula silvestre y las mitades superiores de los panecillos de hamburguesa.

h) ¡Disfruta de tus deliciosas hamburguesas de champiñones encurtidos y haloumi!

72. Hamburguesas De Berenjena En Tempura

INGREDIENTES:

- 800 g de batatas mixtas, cortadas en gajos finos y con piel
- ¼ de taza (60 ml) de aceite de oliva
- ⅓ taza (80 ml) de mayonesa de huevo entero
- ¼ de taza de pesto de tomates secos
- 2 cucharaditas de harissa (u otra salsa de chile)
- 1 berenjena grande, cortada en 4 rodajas de 3 cm de grosor cada una
- 200 g de mezcla de tempura (disponible en supermercados selectos)
- Aceite de girasol, para freír
- 4 panecillos brioche, partidos por la mitad y tostados
- Lechuga con mantequilla y pepinillos encurtidos, para servir

INSTRUCCIONES:

a) Precalienta el horno a 220°C. Mezcle los gajos de batata en 2 cucharadas de aceite de oliva y sazone con sal y pimienta.

b) Colócalos en bandejas para horno forradas con papel de horno. Ase, volteando a la mitad, durante 35 minutos o hasta que estén crujientes. Cubra sin apretar con papel de aluminio y reserve. Regrese al horno por 5 minutos antes de servir, rociando con el aceite de oliva restante.

c) En un tazón, combine la mayonesa, el pesto de tomates secos y la harissa. Sazone con sal y pimienta y reserve.

d) Mezcle las rodajas de berenjena en ¼ de taza (35 g) de la mezcla de masa de tempura, sacudiendo el exceso. Prepare la masa de tempura restante según las instrucciones del paquete.

e) Llene una cacerola hasta la mitad con aceite de girasol y caliéntela a 190°C (un cubo de pan se dorará en 10 segundos cuando el aceite esté lo suficientemente caliente). En tandas, fríe las berenjenas, volteándolas una vez, durante 5 minutos o hasta que estén crujientes.
f) Transfiérelos con una espumadera a una toalla de papel para que se enfríen un poco. Sazone con escamas de sal.

MONTAR LAS HAMBURGUESAS:

g) Unte los lados cortados de los panecillos con la mayonesa de tomate picante.
h) Cubra las mitades inferiores con lechuga, rodajas de berenjena crujiente y pepinillos en rodajas. Haga un sándwich con las mitades superiores y sirva con gajos de camote al lado.
i) ¡Disfruta de tus deliciosas Hamburguesas de Berenjena en Tempura con Salsa de Tomate Picante!

73. Hamburguesa De Aguacate A La Parrilla Con Frijoles Marinados

INGREDIENTES:
- 3-4 aguacates medianos
- Zumo de 1 lima
- aceite de oliva
- frijoles marinados
- 1 cucharada de vinagre de vino blanco
- 200 g de frijoles negros cocidos
- 2 o 3 tomates ahumados
- 1 cebolla tierna, finamente picada
- 1 cucharadita de chile serrano finamente picado
- 1 cucharada de cilantro finamente picado
- 1 cucharadita de ajo finamente picado
- 2 cucharadas de aceite de oliva
- ralladura de 1 lima

SERVIR
- 6 panes de hamburguesa, partidos por la mitad
- mantequilla para los bollos
- 6 cucharadas de crema fresca
- perejil y cilantro
- pimienta de cayena

INSTRUCCIONES:
a) Prepara los tomates ahumados a la parrilla.
b) Mezclar los tomates ahumados picados con los demás ingredientes. y los frijoles marinados.
c) Coloca las rodajas de aguacate en un plato y rocíalas con jugo de lima y aceite.
d) Ase las rodajas de aguacate rápidamente en la parrilla a fuego muy alto o use un soplete para dorar la superficie.
e) Asa los bollos rápidamente en la barbacoa con mantequilla en la superficie cortada.

f) En cada panecillo, unte una cucharada grande de frijoles marinados, rodajas de aguacate, crema fresca, perejil y cilantro.
g) Espolvorea con una pizca de pimienta de cayena para terminar.

74. Hamburguesas vegetales de aguacate

INGREDIENTES:
- 1 aguacate mediano; sin corazón y pelado
- 1 taza de soja cocida
- ½ Cebolla; cortado en cubitos
- 1 cucharadita de mostaza preparada
- 1 cucharada de puré de tomate
- Sal al gusto
- Pan rallado integral

INSTRUCCIONES:
a) Mezcle todos los ingredientes excepto el pan rallado en una licuadora o procesador de alimentos; mezclar hasta que esté suave.

b) Coloque la mezcla en un tazón y agregue pan rallado hasta que la mezcla se pegue lo suficiente como para formar 2 hamburguesas con forma de hamburguesa.

c) Fríe las hamburguesas en aceite de canola tibio hasta que se doren.

d) Sirva caliente sobre un panecillo de hamburguesa con lechuga, tomate en rodajas o cebolla en rodajas.

75. Hamburguesa al pesto de champiñones

INGREDIENTES:
- 4 tapas de champiñones Portobello, sin tallos y sin astillas
- pesto de espinacas
- 4 rodajas de cebolla
- 4 rodajas de tomates
- 4 panes de hamburguesa integrales

INSTRUCCIONES:
a) Precalienta el horno a 400°F.
b) Unte las tapas de los champiñones por ambos lados con pesto para cubrirlos y colóquelos en una bandeja para hornear con borde.
c) Cocine de 15 a 20 minutos hasta que estén tiernos.
d) Coloque capas de champiñones con tomates y cebollas sobre los panecillos.

76. Hamburguesa De Champiñones Portobello

INGREDIENTES:
- 4 cabezas de champiñones portobello
- 2 cucharadas de vinagre balsámico
- 2 cucharadas de aceite de oliva
- 2 dientes de ajo, picados
- Sal y pimienta para probar
- 4 panes de hamburguesa
- Toppings de tu elección (lechuga, tomate, queso, etc.)

INSTRUCCIONES:
a) En un plato poco profundo, mezcle el vinagre balsámico, el aceite de oliva, el ajo picado, la sal y la pimienta.
b) Coloca las tapas de los champiñones portobello en el plato y déjalas marinar durante unos 10 minutos, dándoles la vuelta a la mitad.
c) Precalienta una parrilla o una sartén a fuego medio-alto.
d) Ase las tapas de los champiñones durante unos 4-5 minutos por lado, hasta que estén tiernas y jugosas.
e) Tuesta ligeramente los panecillos de hamburguesa a la parrilla o en una tostadora.
f) Ensamble las hamburguesas colocando una tapa de champiñones portobello asados en la mitad inferior de cada panecillo.
g) Cubra con sus ingredientes preferidos.
h) Cubrir con la mitad superior del panecillo y servir.

77. Hamburguesa de calabacín y garbanzos

INGREDIENTES:
- 2 tazas de calabacín rallado (aproximadamente 2 calabacines medianos)
- 1 lata (15 oz) de garbanzos, escurridos y enjuagados
- $\frac{1}{2}$ taza de pan rallado
- $\frac{1}{4}$ de taza de cebolla finamente picada
- 2 dientes de ajo, picados
- 1 cucharadita de comino molido
- Sal y pimienta para probar
- 4 panes de hamburguesa
- Toppings de tu elección (lechuga, tomate, salsa tzatziki, etc.)

INSTRUCCIONES:
a) Coloque el calabacín rallado en un paño de cocina limpio y exprima el exceso de humedad.
b) En un bol, tritura los garbanzos con un tenedor hasta que estén parcialmente triturados pero aún queden algunos garbanzos enteros.
c) Agrega al bol el calabacín rallado, el pan rallado, la cebolla, el ajo, el comino, la sal y la pimienta.
d) Mezclar bien hasta que todos los ingredientes estén combinados.
e) Divide la mezcla en cuatro porciones iguales y dales forma de hamburguesas.
f) Precalienta una parrilla o una sartén a fuego medio-alto.
g) Cocine las hamburguesas de calabacín y garbanzos durante unos 4-5 minutos por lado, o hasta que estén completamente calientes y firmes.
h) Tuesta ligeramente los panecillos de hamburguesa a la parrilla o en una tostadora.

i) Arma las hamburguesas con tus ingredientes preferidos y sirve.

78. Hamburguesa de camote y quinua

INGREDIENTES:
- 1 taza de puré de camote (aproximadamente 1 camote grande)
- $\frac{1}{2}$ taza de quinua cocida
- $\frac{1}{4}$ taza de pan rallado
- 2 cucharadas de cebolla finamente picada
- 2 dientes de ajo, picados
- 1 cucharadita de comino molido
- Sal y pimienta para probar
- 4 panes de hamburguesa
- Toppings de tu elección (lechuga, tomate, aguacate, etc.)

INSTRUCCIONES:
a) En un bol, combine el puré de camote, la quinua cocida, el pan rallado, la cebolla, el ajo, el comino, la sal y la pimienta.
b) Mezclar bien hasta que todos los ingredientes estén combinados.
c) Divide la mezcla en cuatro porciones iguales y dales forma de hamburguesas.
d) Precalienta una parrilla o una sartén a fuego medio-alto.
e) Cocine las hamburguesas de camote y quinua durante aproximadamente 4 a 5 minutos por lado, o hasta que estén completamente calientes y firmes.
f) Tuesta ligeramente los panecillos de hamburguesa a la parrilla o en una tostadora.
g) Arma las hamburguesas con tus ingredientes preferidos y sirve.

79. Hamburguesa de tofu y champiñones

INGREDIENTES:
- ½ taza de copos de avena
- 1¼ taza de almendras picadas en trozos grandes
- 1 cucharada de aceite de oliva o canola
- ½ taza de cebolla verde picada
- 2 cucharaditas de ajo picado
- 1½ tazas de cremini picado
- ½ taza de arroz cocido; basmati marrón
- ⅓ taza de queso cheddar vegano
- ⅔ taza de tofu firme triturado
- 1 huevo grande; más
- 1 clara de huevo; ligeramente batido
- 3 cucharadas de perejil picado
- ½ taza de pan rallado seco
- 6 rebanadas de mozzarella fresca; Si es deseado

INSTRUCCIONES:
a) Calienta el aceite en una sartén y a fuego moderado saltea las cebollas, el ajo y los champiñones hasta que estén tiernos y ligeramente coloreados. Agrega la avena y continúa cocinando por otros 2 minutos, revolviendo constantemente.
b) Combina la mezcla de cebolla con el arroz, el queso, el tofu y los huevos. Perejil, pan rallado y almendras y revuelva para combinar. Sazone al gusto con sal y pimienta. Forme 6 hamburguesas y saltee o ase hasta que estén doradas y crujientes por fuera.
c) Cubra con una rebanada de mozzarella fresca y una o dos cucharaditas de salsa fresca y sirva inmediatamente tal cual o entre rebanadas tostadas de pan integral.

80. Hamburguesas de nueces y verduras

INGREDIENTES:
- ½ cebolla morada
- 1 costilla de apio
- 1 zanahoria
- ½ pimiento rojo
- 1 taza de nueces, tostadas, molidas
- ½ taza de pan rallado
- ½ taza la pasta orzo
- 2 huevos
- Sal y pimienta
- bollos
- rodajas de aguacate
- Lonchas de queso suizo vegano
- Rodajas de cebolla morada
- Salsa de tomate
- Mostaza

INSTRUCCIONES:
a) Saltee la cebolla, el apio, las zanahorias y el pimiento rojo en 1 t de aceite hasta que estén tiernos.
b) Cubra si lo desea. Se puede agregar ajo si se desea. Agregue nueces, migas y arroz.
c) Forme hamburguesas. Freír en 1t de aceite hasta que estén doradas. Colocar en un bollo y armar.

81. Hamburguesa de setas silvestres

INGREDIENTES:

- 2 cucharaditas de aceite de oliva
- 1 cebolla amarilla mediana; picado fino
- 2 chalotes; pelado y picado
- $\frac{1}{8}$ cucharadita de sal
- 1 taza de hongos shiitake secos
- 2 tazas hongos portobello
- 1 paquete de tofu
- $\frac{1}{3}$ taza de germen de trigo tostado
- $\frac{1}{3}$ taza de pan rallado
- 2 cucharadas de salsa de soja Lite
- 2 cucharadas de salsa inglesa
- 1 cucharadita de saborizante de humo líquido
- $\frac{1}{2}$ cucharadita de ajo granulado
- $\frac{3}{4}$ taza de avena de cocción rápida

INSTRUCCIONES:

a) Saltee las cebollas, las chalotas y la sal en aceite de oliva durante unos 5 minutos.
b) Hongos shiitake ablandados con el tallo; Picar con champiñones frescos en un procesador de alimentos. Agregue a las cebollas.
c) Cocine durante 10 minutos, revolviendo ocasionalmente para evitar que se pegue.
d) Mezcle los champiñones con el puré de tofu, agregue los ingredientes restantes y mezcle bien. Mójese las manos para evitar que se peguen y formen hamburguesas.
e) Hornee por 25 minutos, volteando una vez después de 15 minutos.

HAMBURGUESAS DE LEGUMBRES Y GRANOS

82. Hamburguesas de garbanzos vibrantes

INGREDIENTES:
- ¼ de taza (60 ml) de aceite de oliva virgen extra
- 1 cebolla morada, finamente picada
- 4 dientes de ajo machacados
- 1 zanahoria grande, rallada
- 2 cucharaditas de comino molido
- 1 cucharadita de garam masala
- ¼ cucharadita de chile rojo en polvo
- Lata de 400 g de garbanzos, escurridos y enjuagados
- Lata de 400 g de frijoles negros, escurridos y enjuagados
- 1 ½ cucharadas de tomate passata
- 50 g de pan rallado panko
- 6 panes de hamburguesa brioche, cortados por la mitad y tostados
- ½ lechuga iceberg, en rodajas
- 2 tomates grandes maduros en rama, rebanados
- Encurtidos indios mixtos, para servir

PARA LA MAYO DE HIERBAS VIBRANTE:
- 1 manojo de cilantro, hojas y tallos picados en trozos grandes
- ½ manojo de menta, con las hojas recogidas y picadas en trozos grandes
- ¼ de taza (60 ml) de jugo de limón
- 2 dientes de ajo machacados
- 1 taza (300 g) de mayonesa
- ¼ de taza (35 g) de pistachos tostados

INSTRUCCIONES:
a) Calienta 2 cucharadas de aceite en una sartén antiadherente grande a fuego medio-alto. Agrega la

cebolla picada y cocina durante 7-8 minutos hasta que se caramelice.
b) Agrega el ajo machacado y cocina por un minuto más. Luego, agrega la zanahoria rallada, el comino molido, el garam masala, el chile rojo en polvo, los garbanzos, los frijoles negros y la passata. Sazone al gusto.
c) Cocine, triturando con el dorso de una cuchara, durante 5 a 8 minutos hasta que la mezcla se una y comience a mantener su forma.
d) Añade 40 g de pan rallado panko y revuelve hasta que la mezcla esté bien combinada.
e) Deje que la mezcla se enfríe un poco y luego forme 6 hamburguesas del mismo tamaño. Cubra cada hamburguesa con los 10 g restantes de pan rallado panko. Reservar hasta que esté listo para cocinar.

PREPARAR MAYO DE HIERBAS VIBRANTE:
f) En un procesador de alimentos pequeño, combine todos los ingredientes para la vibrante mayonesa de hierbas y mezcle hasta que quede suave.
g) Sazone al gusto y reserve.

COCINA LAS HAMBURGUESAS:
h) Caliente la 1 cucharada de aceite restante en una sartén antiadherente grande y limpia a fuego medio. Cocine las hamburguesas en 2 tandas durante 3-4 minutos por cada lado hasta que se doren.
i) **MONTAR LAS HAMBURGUESAS:**
j) Para armar, unte mayonesa en los lados cortados de cada panecillo y cubra con lechuga, rodajas de tomate, hamburguesas de garbanzos y pepinillos. ¡Disfruta de tus vibrantes hamburguesas de garbanzos!

83. Hamburguesa cajún de frijoles negros

INGREDIENTES:
- ⅓ taza (130 g) de quinua roja
- 2 latas de 400 g de frijoles negros, enjuagados y escurridos
- 2 tazas (320 g) de semillas de girasol tostadas
- 3 dientes de ajo machacados
- ⅔ taza de perejil de hoja plana, finamente picado
- ⅔ taza (30 g) de pan rallado panko
- 1 cucharadita de pimentón ahumado
- ½ cucharadita de pimienta de cayena
- 2 cucharaditas de orégano seco
- 1 cucharadita de café instantáneo
- 2 cucharadas de azúcar moreno
- 2 huevos, ligeramente batidos
- 1 aguacate
- ⅓ taza (85 g) de crema agria
- ¼ de taza (60 g) de jalapeños en escabeche, picados
- ½ piña pequeña, cortada en rodajas finas de 5 mm de grosor
- 1 cucharada de aceite de oliva virgen extra
- 4 panes de hamburguesa grandes, cortados por la mitad horizontalmente
- 1 taza (80 g) de repollo verde, en rodajas finas
- mayonesa kewpie, para servir

CEBOLLA ENCURTIDA JALAPEÑO:
- 1 cebolla blanca, cortada en rodajas
- 2 cucharaditas de azúcar en polvo
- ¼ de taza (80 ml) de líquido para encurtir jalapeños encurtidos

INSTRUCCIONES:

a) Enjuague la quinua con agua fría y colóquela en una cacerola.
b) Agregue 1 taza de agua, deje hervir, luego reduzca el fuego a medio-bajo, cubra y cocine durante 8 a 10 minutos hasta que estén tiernos. Drenar.
c) En un procesador de alimentos, mezcle los frijoles negros, las semillas de girasol y el ajo hasta que estén finamente picados.
d) Transfiera a un bol y agregue la quinua cocida, el perejil, el pan rallado panko, el pimentón ahumado, la pimienta de cayena, el orégano seco, el café instantáneo, el azúcar y los huevos batidos.
e) Sazona con sal y pimienta, mezcla bien y divide la mezcla en 4 porciones. Forme una hamburguesa con cada porción y refrigere durante 30 minutos para que se endurezca.
f) En un bol pequeño coloca la cebolla cortada en rodajas. Espolvorea con azúcar en polvo y 1 cucharadita de sal en escamas, luego revuelve suavemente para combinar. Agregue el líquido de encurtido de los jalapeños, mezcle para combinar y reserve para encurtir.
g) En otro tazón pequeño, machaca el aguacate con la crema agria y los jalapeños. Sazone con sal y pimienta y reserve.
h) Calienta una parrilla o sartén a fuego alto. Cepille las rodajas de piña con 2 cucharaditas de aceite de oliva y cocine a la parrilla durante 1 minuto por cada lado o hasta que estén ligeramente carbonizadas.
i) Unte las hamburguesas con las 2 cucharaditas restantes de aceite de oliva y cocine a la parrilla durante 2-3 minutos por cada lado hasta que estén completamente calientes. Ase los lados cortados de los panes para

hamburguesa durante 30 segundos o hasta que estén ligeramente tostados.

MONTAR LAS HAMBURGUESAS:

j) Unte la mezcla de aguacate sobre las mitades del panecillo. Cubra con repollo, una hamburguesa, piña asada y cebolla encurtida.

k) Sirva con mayonesa kewpie.

l) ¡Disfruta de tu deliciosa hamburguesa cajún de frijoles negros!

84. Hamburguesa de lentejas y nueces

INGREDIENTES:
- 1 taza de lentejas cocidas
- $\frac{1}{2}$ taza de nueces picadas
- $\frac{1}{4}$ taza de pan rallado
- $\frac{1}{4}$ de taza de cebolla finamente picada
- 2 dientes de ajo, picados
- 1 cucharadita de comino molido
- Sal y pimienta para probar
- 4 panes de hamburguesa
- Toppings de tu elección (lechuga, tomate, cebolla, etc.)

INSTRUCCIONES:
a) En un bol, combine las lentejas cocidas, las nueces picadas, el pan rallado, la cebolla, el ajo, el comino, la sal y la pimienta.
b) Mezclar bien hasta que todos los ingredientes estén combinados.
c) Divide la mezcla en cuatro porciones iguales y dales forma de hamburguesas.
d) Precalienta una parrilla o una sartén a fuego medio-alto.
e) Cocine las hamburguesas de lentejas y nueces durante unos 4-5 minutos por lado, o hasta que estén completamente calientes y firmes.
f) Tuesta ligeramente los panecillos de hamburguesa a la parrilla o en una tostadora.
g) Arma las hamburguesas con tus ingredientes preferidos y sirve.

85. Hamburguesa De Frijoles Negros Santa Fe

INGREDIENTES:
- 14 onzas de frijoles negros orgánicos, escurridos y enjuagados
- 2 cucharadas de caldo de verduras
- ¼ taza de copos de avena
- ½ cucharadita de ajo en polvo
- ¼ taza de harina de lino
- ¼ de taza de salsa con trozos
- 1 cucharadita de comino
- ½ cucharadita de cayena
- ½ cucharadita de sal rosa
- Harina de maíz, para espolvorear

INSTRUCCIONES:
a) Triture los frijoles negros con un tenedor en un tazón mediano. Puedes dejar algunos trozos para darle textura.
b) Combine la avena, la harina de almendras, las especias, la sal y la salsa en un tazón. Mezcla una vez más y siéntete libre de usar tus manos.
c) Agregue más harina de linaza o harina de almendras si la mezcla está demasiado húmeda. Comprueba el sabor.
d) Divide la mezcla y dale forma de hamburguesas del tamaño deseado. Espolvoree ligeramente con harina de maíz si lo desea.
e) Estufa: En una sartén mediana, caliente 2 cucharadas de caldo de verduras. Cocine durante aproximadamente 5 minutos por cada lado.
f) Horno (sin aceite): Precalienta el horno a 350 °F. Forre una bandeja para hornear con papel pergamino y luego coloque las hamburguesas encima. Hornee durante 10 a 15 minutos en la rejilla central del horno, luego voltee y repita.

86. Hamburguesas de arroz con lentejas

INGREDIENTES:
- ¾ de taza lentejas
- 1 Patatas dulces
- 10 Hojas de espinacas frescas, ralladas
- 1 taza champiñones frescos, cortados en cubitos
- ¾ de taza Migas de pan
- 1 cucharadita Estragón
- 1 cucharadita Polvo de ajo
- 1 cucharadita Perejil
- ¾ de taza Arroz de grano largo

INSTRUCCIONES:
a) Cocine el arroz hasta que esté suave y ligeramente pegajoso, luego agregue las lentejas.
b) Pica una batata pelada y cocida.
c) Combine la mezcla de arroz, la batata y todos los demás ingredientes en un tazón.
d) Refrigere de 15 a 30 minutos. Forme hamburguesas y cocínelas en una barbacoa al aire libre con parrilla de verduras.
e) Asegúrate de engrasar o rociar la sartén con Pam para evitar que las hamburguesas se peguen.

87. Hamburguesa de frijol mungo con aceitunas

INGREDIENTES:
- ½ taza de judías verdes, remojadas y cocidas
- 1 cucharada de linaza dorada, molida
- ¼ cucharadita de pimienta negra
- ½ taza de aceitunas Kalamata, finamente picadas
- ½ cucharadita de orégano
- ¼-½ cucharadita de sal marina celta
- 1 cucharada de pasta de tomate orgánica
- 1 cucharada de tomates secados al sol, cortados en cubitos
- ¼ de taza de perejil fresco, picado
- ½ taza de cebolla, picada
- 2 dientes de ajo, picados

INSTRUCCIONES:
a) Precalienta el horno a 375 grados Fahrenheit.
b) En un tazón, combine la linaza y el agua.
c) En un procesador de alimentos, haga puré los frijoles hasta que tengan una textura suave.
d) Colóquelo en un recipiente para mezclar de tamaño mediano.
e) Agregue las aceitunas, la cebolla, el ajo, los tomates secados al sol, el perejil, las especias, la pasta de tomate y la mezcla de linaza.
f) Forme de 4 a 6 hamburguesas y distribúyalas uniformemente en una plancha.
g) Cocine por 15 minutos por un lado, luego voltee y cocine por otros 5 minutos.

88. Hamburguesa de frijoles negros con queso cheddar y cebolla

INGREDIENTES:
- 400 g de frijoles negros cocidos
- Aceite de maní para freír
- 65 g de cebolla finamente picada
- 1 cucharadita de pimentón ahumado
- 3 cucharadas de salsa BBQ
- 1 cucharadita de chile en polvo
- 50 g de nueces tostadas en seco
- 2 cucharadas de cilantro finamente picado
- 100 g de arroz negro hervido
- 25 g de pan rallado panko
- sal marina
- cebollas caramelizadas
- 2 cebollas
- 2 cucharadas de mantequilla
- 1 cucharada de vinagre de vino tinto

Servir
- 120 g queso cheddar
- 6 panes de hamburguesa, partidos por la mitad
- mantequilla para los bollos
- Hojas de lechuga romana

INSTRUCCIONES:
a) En una sartén calentar aceite y sofreír la cebolla.
b) Baja el fuego al mínimo y agrega el chile y el pimentón.
c) Agrega la salsa BBQ.
d) En un tazón, mezcle las nueces con los frijoles, el cilantro, el arroz, el pan rallado y un toque de sal.
e) Agrega la mezcla de cebolla hasta que esté bien mezclada.
f) Forma 6 hamburguesas circulares con un puñado de la mezcla a la vez y luego envuélvelas con film transparente.

g) Refrigerar durante al menos una hora.
h) Pon las cebollas en una olla fría después de pelarlas y picarlas. Pon la mantequilla en la cacerola y ponla a fuego medio, luego tápala.
i) Vierte el vinagre, sube el fuego y cocina durante unos 15 minutos, o hasta que el líquido se haya reducido mucho.
j) Caliente la parrilla a 350 grados Fahrenheit y luego ase las hamburguesas durante unos minutos por ambos lados, hasta que adquieran un buen color.
k) Cubra cada hamburguesa con un par de rebanadas de queso y cocine a la parrilla hasta que el queso se derrita.
l) Unte con mantequilla las superficies cortadas de los panecillos.
m) En el fondo de cada pan, coloca una hamburguesa.
n) Añade una hoja de lechuga y una generosa cucharada de cebolla caramelizada encima.

89. Hamburguesa de quinua y boniato

INGREDIENTES:
- 3 batatas medianas, horneadas
- 2 huevos
- 1 taza de harina de garbanzos
- 1 cucharadita de chile en polvo
- 1 cucharada de mostaza Dijon integral
- 1 cucharada de mantequilla de nueces u otra mantequilla de nueces
- jugo de $\frac{1}{2}$ limón
- 1 pizca de sal marina
- 200 gramos de quinua
- Aceite de maní, para freír
- Crema agria de rábano picante
- 3 cucharadas de rábano picante finamente rallado
- $1\frac{1}{4}$ tazas de crema agria
- sal marina

SERVIR
- 6 panes de hamburguesa, partidos por la mitad
- mantequilla para los bollos
- chalotes asiáticos rojos finamente picados
- cebollino finamente picado

INSTRUCCIONES:
a) Divide las patatas a lo largo y utiliza una cuchara para raspar el interior.

b) Licue los huevos en un procesador de alimentos y agregue las batatas, la harina de garbanzos, el chile en polvo, la mostaza, la mantequilla de nueces, el jugo de limón y la sal. Agrega la quinua.

c) Usando un puñado de la mezcla a la vez, forme hamburguesas redondas.

d) En un tazón, combine la sal, el rábano picante y la crema agria.
e) A fuego medio, asa las hamburguesas durante unos minutos por ambos lados.
f) Unte con mantequilla las superficies cortadas de los bollos y áselos rápidamente.
g) Coloque una hamburguesa en el fondo de cada panecillo y cúbrala con crema agria de rábano picante, chalotas y cebollino.

90. de lentejas y arroz

INGREDIENTES:
- ¾ taza de lentejas
- 1 batata
- 10 hojas de espinacas frescas; a 15
- 1 taza de champiñones frescos
- ¾ taza de pan rallado
- 1 cucharadita de estragón
- 1 cucharadita de ajo en polvo
- 1 cucharadita de hojuelas de perejil
- ¾ taza de arroz de grano largo

INSTRUCCIONES:
a) Cocine el arroz hasta que esté cocido y ligeramente pegajoso. y lentejas hasta que estén blandas. Dejar enfriar un poco. Pique finamente una batata mediana pelada y cocine hasta que esté suave. Dejar enfriar un poco.

b) Picar finamente los champiñones. Las hojas de espinaca se deben enjuagar y triturar finamente. Mezcle todos los ingredientes y las especias agregando sal y pimienta al gusto.

c) Enfriar en el frigorífico durante 15-30 min. Forme hamburguesas y saltee en una sartén o puede hacerlo en una parrilla de verduras o en una parrilla al aire libre.

91. Hamburguesa de lluvia y queso

INGREDIENTES:
- 1½ tazas Champiñones picados
- ½ taza Cebollas verdes, picadas
- 1 cucharada Margarina
- ½ taza Avena arrollada, regular
- ½ taza Arroz integral, cocido
- ⅔ taza Queso rallado, mozzarella
- o queso cheddar
- 3 cucharadas Nueces picadas
- 3 cucharadas Queso cottage o ricotta
- Bajo en grasa
- 2 grandes Huevos
- 2 cucharadas perejil, picado
- Sal pimienta

INSTRUCCIONES:
a) En una sartén antiadherente de 10 a 12 pulgadas a fuego medio, cocine los champiñones y las cebolletas en margarina hasta que las verduras estén blandas, aproximadamente 6 minutos. Agrega la avena y revuelve durante 2 minutos.

b) Retire del fuego, deje enfriar un poco y luego agregue el arroz cocido, el queso, las nueces, el requesón, los huevos y el perejil. Añadir sal y pimienta al gusto. En una bandeja para hornear de 12X15 pulgadas engrasada, forme 4 hamburguesas, cada una de ½ pulgada de grosor.

c) Ase a 3 pulgadas del fuego, volteándolo una vez, de 6 a 7 minutos en total. Sirva sobre pan con mayonesa, aros de cebolla y lechuga.

d)

92. Sándwich de quinua roja de dos pisos

INGREDIENTES:
- ½ taza de quinua roja
- 1 taza de caldo de verduras
- 4 tapas grandes de champiñones portobello
- 2 cucharadas de aceite de coco, dividido
- ¼ de taza de cebolla finamente picada
- ½ taza de nueces pecanas crudas
- 2 cebolletas verdes, picadas
- 2 cucharaditas de vinagre de vino de arroz
- 1 cucharadita de ajo en polvo
- 2 cucharadas de levadura nutricional
- 2 cucharadas de semillas de cáñamo crudas sin cáscara
- ¼ taza de harina
- 3 panes de hamburguesa integrales
- Aderezos y condimentos: lechuga, tomates, cebolla morada, mostaza, mayonesa picante sin lácteos

INSTRUCCIONES:
a) Coloca la quinua en un colador y enjuágala bien. Combine la quinua y el caldo en una cacerola pequeña. Llevar a ebullición, tapar y reducir a fuego lento. Cocine de 10 a 15 minutos o hasta que se absorba el caldo. Retirar del fuego y dejar reposar tapado durante 5 minutos.

b) Retire las branquias de los champiñones y deséchelos. Pica las tapas de los champiñones.

c) Calienta 1 cucharada de aceite en una sartén grande. Agrega la cebolla y los champiñones y sofríe durante 10 minutos. Agrega las nueces y saltea por 5 minutos más. Retirar del fuego y dejar enfriar.

d) Agrega la mezcla de champiñones, la cebolla verde y el vinagre a un procesador de alimentos. Procesar hasta que esté muy fino. No será fácil.

e) Transfiera a un tazón grande y agregue la quinua, el ajo en polvo, la levadura nutricional, las semillas de cáñamo y la harina. Mezclar hasta que esté bien mezclado. Forme seis hamburguesas del tamaño de los panes de hamburguesa.

f) Calienta el aceite restante en una sartén grande y fríe una hamburguesa a la vez para poder darle la vuelta fácilmente. Freír hasta que estén dorados por cada lado.

g) Ensamble los pisos dobles: coloque el fondo del panecillo, agregue mostaza, lechuga, hamburguesa, cebolla morada, lechuga, mayonesa picante sin lácteos, hamburguesa, mayonesa picante sin lácteos, tomates y la parte superior del panecillo.

HAMBURGUESAS RELLENAS

93. Hamburguesa Rellena De Queso Azul Y Espinacas

INGREDIENTES:
- 1 libra de carne molida
- 1 cucharada de salsa inglesa
- 1 cucharadita de pimienta negra recién molida
- ⅓ a ½ taza de queso azul desmenuzado (aproximadamente 2 onzas)
- 1 cebolla morada mediana, cortada en rodajas finas
- Aceite de oliva
- Sal
- 4 panes de hamburguesa, partidos
- 1 taza de espinacas tiernas frescas

INSTRUCCIONES:
a) En un tazón espacioso, mezcle la carne molida, la salsa inglesa y la pimienta negra recién molida. Forme ocho hamburguesas finas de 4 pulgadas de diámetro con la mezcla de carne sobre un trozo de papel encerado.

b) Coloque 1 cucharada de queso azul desmenuzado en el centro de cuatro de las hamburguesas. Cúbralos con las cuatro hamburguesas restantes, sellando los bordes pellizcándolos.

c) Unte las rodajas de cebolla morada con aceite de oliva y espolvoree con una pizca de sal.

d) Calienta la parrilla, dejándola descubierta, a fuego medio-alto. Ase las hamburguesas y las rodajas de cebolla durante 5 minutos por lado o hasta que alcancen una temperatura interna segura de 160 °F a 165 °F. En el último minuto de asado, unte los lados cortados de los panecillos para hamburguesa con aceite de oliva y cocínelos con el lado cortado hacia abajo.

e) Sirve las hamburguesas rellenas sobre los panecillos asados, acompañadas de las rodajas de cebolla asada, las espinacas tiernas frescas y el queso azul restante.

f) ¡Disfruta de tu deliciosa Hamburguesa Rellena de Queso Azul y Espinacas con Cebolla Morada!

94. Hamburguesas De Guacamole Rellenas De Queso De Cabra

INGREDIENTES:

CEBOLLAS CARAMELIZADAS:
- 2 cucharadas de aceite de oliva
- 2 cucharadas de mantequilla sin sal
- 2 cebollas Vidalia o dulces grandes, cortadas en rodajas
- ¼ cucharadita de sal
- 1 cucharada de azúcar moreno

GUACAMOLE:
- 2 aguacates maduros, triturados
- 2 cucharadas de cilantro recién picado
- 2 cucharadas de cebolla dulce picada
- ½ chile jalapeño, sin semillas y cortado en cubitos
- ¼ cucharadita de sal
- ¼ cucharadita de pimienta
- Zumo de 1 lima

MAYO DE BARBACOA PICA:
- ½ taza de mayonesa
- 3 cucharadas de salsa BBQ
- 2 cucharaditas de mostaza Dijon

HAMBURGUESAS RELLENAS DE QUESO DE CABRA:
- 1 libra de carne molida
- 1 cucharadita de sal
- 1 cucharadita de pimienta
- ½ cucharadita de ajo en polvo
- 6 onzas de trozos de queso de cabra fríos, cortados en rodajas de ½ pulgada de grosor (está bien si se desmoronan un poco)
- 1 cucharada de aceite de oliva
- 1 cucharada de mantequilla sin sal
- 4 onzas de queso cheddar fuerte
- 2 tazas de verduras tiernas
- 4 panecillos hawaianos, tostados

INSTRUCCIONES:
a) Calienta una sartén grande a fuego lento. Agrega el aceite de oliva y la mantequilla. Una vez derretido, agregue las cebollas y la sal, revolviendo bien para cubrir. Tape y deje cocinar durante 25 a 30 minutos, revolviendo con frecuencia, hasta que estén dorados y suaves.
b) Agrega el azúcar moreno y cocina por otros 10 minutos.
c) Mezcla todos los ingredientes del guacamole hasta que estén bien combinados. Pruebe y ajuste el condimento si es necesario.
d) Batir la mayonesa, la salsa BBQ y la mostaza Dijon hasta que estén bien combinados.

HAMBURGUESAS RELLENAS DE QUESO DE CABRA:
e) Coloque la carne molida en un tazón grande y sazone con sal, pimienta y ajo en polvo. Mezcle suavemente para cubrir y luego divida la carne en cuatro porciones iguales.
f) Tome cada porción y forme dos hamburguesas: una para la parte superior y otra para la parte inferior. Coloque una rebanada de queso de cabra en el centro de una hamburguesa y cúbrala con la otra hamburguesa, presionando los bordes suavemente para sellar el queso de cabra por dentro. Repita con las porciones restantes de carne.
g) Calienta una sartén a fuego medio-alto y agrega aceite de oliva y mantequilla. Cocine las hamburguesas al punto de cocción deseado (al menos 4 minutos por lado a fuego medio, pero tenga en cuenta que el queso de cabra está adentro). Un minuto antes de que se acaben, colocamos encima unas lonchas de queso cheddar.
h) Para armar las hamburguesas, unta unas cucharadas de guacamole en el panecillo inferior y coloca la

hamburguesa encima. Cubra con cebollas caramelizadas, mayonesa BBQ y verduras tiernas. ¡Servir inmediatamente!

i) ¡Disfruta de tus deliciosas Hamburguesas de Guacamole con Queso de Cabra con Cheddar y Cebolla Caramelizada!

95. Hamburguesas Rellenas De Tocino Con Queso Pimiento

INGREDIENTES:
PARA CEBOLLAS CARAMELIZADAS:
- 2 rebanadas de tocino, finamente picadas
- 1 cebolla blanca grande, en rodajas finas
- ¼ de taza de vinagre de vino de arroz
- 1 cucharadita de azúcar granulada
- 1 cucharadita de sal kosher

PARA QUESO PIMIENTO:
- 3 onzas de queso crema, a temperatura ambiente
- 4 onzas de queso cheddar extra fuerte, rallado
- 1 jalapeño grande, picado
- 1 cucharada de jalapeño encurtido finamente picado
- 1 cucharada de pimientos picados
- Una pizca de pimienta de cayena

PARA LAS HAMBURGUESAS:
- 1 ¼ libras de carne molida (15% de grasa)
- 4 panecillos Dutch Crunch u otros panecillos resistentes, partidos por la mitad
- 2 cucharadas de mayonesa
- 1 aguacate grande, cortado en cubitos
- mezcla de lechugas

INSTRUCCIONES:
a) En una sartén, cocina el tocino cortado en cubitos a fuego medio-bajo hasta que se dore y esté crujiente, aproximadamente de 5 a 7 minutos.

b) Transfiera el tocino crujiente a un plato forrado con papel toalla con una espumadera y deseche la grasa.

c) Corta la cebolla en rodajas finas y colócala en un recipiente estrecho y profundo. Agregue el vinagre de vino de arroz, el azúcar granulada y la sal kosher,

revolviendo para combinar. Refrigere por al menos 20 minutos.
d) En el tazón de un procesador de alimentos, combine el queso crema y el queso cheddar rallado.
e) Agregue el jalapeño fresco picado, el jalapeño en escabeche picado, los pimientos y una pizca de pimienta de cayena a la mezcla de queso.
f) Pulse hasta que todos los ingredientes estén bien combinados.

HAMBURGUESAS:
g) Divida la carne molida en 8 porciones iguales y déles forma de hamburguesas de $\frac{1}{4}$ de pulgada de grosor.
h) Utilice el fondo de un tazón o plato pequeño para marcar un lugar para el relleno. Divida el tocino cocido en partes iguales entre cuatro de las hamburguesas.
i) Cubra cada hamburguesa con tocino con una de las hamburguesas restantes y presione los bordes para sellar, creando hamburguesas rellenas. Déjalos a un lado.

ASADO Y MONTAJE:
j) Precalienta una parrilla de gas a fuego medio-alto.
k) Coloque los panes para hamburguesa, con el lado cortado hacia abajo, en la parrilla y cocínelos hasta que estén tostados, aproximadamente 1 minuto. Esté atento para evitar quemaduras.
l) Transfiera los panecillos tostados a una tabla de cortar.
m) Unte mayonesa en 4 de las mitades del panecillo.
n) Triture una cuarta parte del aguacate cortado en cubitos sobre la mayonesa en cada rollo.
o) Cubra el aguacate con un pequeño puñado de la mezcla de lechugas y una cucharada de cebollas marinadas.
p) Unte las otras cuatro mitades de panecillo con cantidades iguales de queso pimiento. Puede utilizar

menos del lote completo; las sobras se pueden refrigerar hasta por una semana.

q) Sazone las hamburguesas rellenas con sal y pimienta y colóquelas en la parrilla.

r) Cocine las hamburguesas, tapadas, hasta que se doren por ambos lados, aproximadamente 4 minutos por lado a fuego medio.

s) Divida las hamburguesas cocidas entre los panecillos preparados y complete las hamburguesas cubriéndolas con las mitades de pan restantes.

t) Sirva las hamburguesas rellenas de tocino con queso pimiento y aguacate inmediatamente. ¡Disfrutar!

96. Hamburguesas De Salchicha Rellenas De Guacamole Y Tocino

INGREDIENTES:
- 6 rebanadas de tocino de madera de pacana
- ½ taza de salsa de guacamole
- 1 libra de salchicha italiana molida
- 4 panes de hamburguesa, partidos
- Salsa (opcional)

INSTRUCCIONES:
a) Precalienta la parrilla a fuego alto.
b) Prepare el tocino según las instrucciones del paquete hasta que quede crujiente. Escurre el tocino y desmenúzalo.
c) Agrega el tocino desmenuzado a la salsa de guacamole.
d) Divida la salchicha italiana molida en 8 porciones iguales y déles forma de hamburguesas finas.
e) Sobre 4 de estas hamburguesas, coloca una porción de la mezcla de tocino y guacamole.
f) Cubra cada hamburguesa cubierta con tocino y guacamole con una de las hamburguesas simples restantes.
g) Apriete los bordes de las hamburguesas para sellarlas, creando hamburguesas rellenas.
h) Coloque las hamburguesas rellenas en la parrilla precalentada.
i) Ásalos durante aproximadamente 6 a 7 minutos por cada lado, o hasta que estén cocidos al nivel deseado de cocción.

MONTAJE DE LAS HAMBURGUESAS:
j) Rellena los panecillos de hamburguesa con las hamburguesas rellenas a la plancha.
k) Si lo deseas, sirve las hamburguesas con salsa al lado.
l) Tus hamburguesas de salchicha rellena con tocino y guacamole ya están listas para servir. ¡Disfrutar!

97. Hamburguesas Rellenas De Queso Azul Y Tocino

INGREDIENTES:
- 1 libra de solomillo de carne molida (al menos 90% magra)
- 3 rebanadas de tocino, fritas y finamente desmenuzadas
- 3 onzas de queso azul, desmoronado ($\frac{3}{4}$ taza)
- 2 cucharadas de perejil fresco finamente picado
- $\frac{1}{4}$ cucharadita de sal
- $\frac{1}{2}$ cucharadita de pimienta negra recién molida
- 4 panes de hamburguesa
- Condimentos (ketchup, mostaza, lechuga, tomate, cebolla, pepinillos - opcional)

INSTRUCCIONES:
a) En un tazón grande, combine la carne molida, el tocino desmenuzado, el queso azul, el perejil finamente picado, la sal y la pimienta negra recién molida. Mezcle bien con las manos, asegurándose de que todos los ingredientes se distribuyan uniformemente. Forme con la mezcla cuatro hamburguesas del mismo tamaño.

b) Precalienta una parrilla de gas a fuego alto. Coloque las hamburguesas en las rejillas de la parrilla, cierre la tapa de la parrilla y cocine durante aproximadamente 5 minutos.

c) Después de 5 minutos, voltea con cuidado las hamburguesas con una espátula, cierra la tapa de la parrilla y continúa cocinando durante unos 4 minutos más. Esto dará como resultado una hamburguesa medianamente cocida con un centro rosado, o puedes cocinarlas por más tiempo si prefieres que tus hamburguesas estén más cocidas. Asegúrese de que un termómetro de lectura instantánea insertado en el centro de una hamburguesa registre 160 grados Fahrenheit.

d) Una vez que las hamburguesas estén cocidas al nivel deseado, retíralas de la parrilla.
e) Divida las hamburguesas asadas entre los panes de hamburguesa.
f) Cubra sus hamburguesas con los condimentos que elija. Una selección recomendada incluye ketchup, mostaza, lechuga, tomate, cebolla y pepinillos para la clásica experiencia de hamburguesa.
g) ¡Sirve inmediatamente tus deliciosas Hamburguesas Rellenas de Queso Azul y Tocino y disfruta!
h) ¡Estas hamburguesas están llenas de sabor, jugosas y seguramente serán un éxito en tu próxima comida!

98. Hamburguesas Griegas Rellenas De Feta Con Tzatziki

INGREDIENTES:
- 2 libras de carne molida (80% magra)
- ½ cebolla morada mediana, finamente picada (aproximadamente ¾ de taza)
- ⅓ taza de pimientos rojos asados, finamente picados
- 3 dientes de ajo, picados
- 1 cucharadita de piel de limón recién rallada
- Jugo de 1 limón (unas 3 cucharadas)
- 1 ½ cucharaditas de orégano seco
- 1 cucharadita de pimiento rojo triturado
- 7 onzas de queso feta, desmenuzado
- Sal y pimienta
- 7 panes de hamburguesa, para servir
- Salsa tzatziki, para servir
- Lechuga mantecosa, para servir
- Tomate en rodajas finas, para servir
- Pepinos en rodajas finas, para servir
- Cebolla morada en rodajas finas, para servir

INSTRUCCIONES:
a) En un tazón grande, combine la carne molida, la cebolla morada finamente picada, los pimientos rojos asados, el ajo picado, la cáscara de limón recién rallada, el jugo de limón, el orégano seco y el pimiento rojo triturado. Mezcla todo con las manos hasta que esté bien combinado.

b) Divida la mezcla de carne molida en siete porciones iguales, formando cada una una hamburguesa de 5,5 onzas. Agregue 1 onza de queso feta desmenuzado al centro de cada hamburguesa. Doble la hamburguesa alrededor del queso y luego aplánela hasta que tenga un grosor de ¾ de pulgada. Haga una ligera depresión en el centro de cada hamburguesa con el pulgar para evitar que se hinchen en la parrilla durante la cocción. Sazone ambos lados de las hamburguesas con sal y pimienta según su preferencia. Coloca las hamburguesas en el refrigerador hasta que se endurezcan y estén frías al tacto.

c) Precaliente una parrilla de gas a fuego alto (aproximadamente 500 °F).

d) Ase las hamburguesas, tapadas, a fuego directo durante 3-5 minutos por cada lado o hasta que alcancen una temperatura interna de 150°F (mediana).

e) Para servir, tuesta los panes de hamburguesa. Unte una cantidad generosa de salsa tzatziki en los panecillos superior e inferior. Cubra cada panecillo con lechuga, una hamburguesa, rodajas de tomate, pepinos en rodajas y rodajas de cebolla morada.

f) Cubra con la mitad restante del panecillo y sirva inmediatamente.

g) ¡Disfruta de tus deliciosas hamburguesas griegas rellenas de queso feta y tzatziki!

99. Hamburguesas Rellenas De Champiñones

INGREDIENTES:
- 1 ½ libras de carne molida magra
- ¼ de taza de cebolla finamente picada
- 2 huevos medianos, ligeramente batidos
- ¾ taza de pan rallado suave
- ¼ taza de salsa de tomate
- ½ cucharadita de sal
- ⅛ cucharadita de pimienta
- 2 cucharadas de mantequilla
- 8 onzas de champiñones, rebanados
- 6 rebanadas de queso (cheddar, mozzarella o americano)
- 6 panecillos grandes, partidos y tostados

INSTRUCCIONES:
a) En un tazón grande, combine la carne molida, la cebolla finamente picada, los huevos ligeramente batidos, el pan rallado suave, el ketchup, la sal y la pimienta.
b) Forme 12 hamburguesas finas con la mezcla de carne, de aproximadamente ¼ de pulgada de grosor.
c) En una sartén derrita la mantequilla y saltee los champiñones en rodajas hasta que estén tiernos.
d) Coloque los champiñones salteados encima de 6 de las hamburguesas de carne.
e) Cubra con las 6 hamburguesas restantes y presione los bordes para sellar, creando hamburguesas rellenas.
f) Ase, cocine a la parrilla o cocine a la parrilla las hamburguesas rellenas hasta el nivel deseado de cocción.
g) Cubre cada hamburguesa con una rodaja de queso y deja que se derrita.
h) Sirva las hamburguesas rellenas de champiñones sobre panecillos tostados partidos. Puede agregar lechuga,

tomates o cualquier condimento y verdura de su elección.
¡Disfruta de tus deliciosas hamburguesas rellenas!

100. Hamburguesas Rellenas De Cebolla Caramelizada

INGREDIENTES:
- 2 libras de carne molida
- 3 cebollas amarillas, en rodajas finas
- 2 cucharadas de aceite de aguacate, dividido
- 1 cucharada de ghee
- 2 cucharaditas de sal, divididas
- 1 cucharadita de pimienta, dividida
- 1 cucharadita de ajo en polvo
- 1 cucharadita de pimentón
- 1 diente de ajo, picado

INSTRUCCIONES:
a) Precalienta el horno a 375°F (190°C).
b) En un tazón grande, agregue la carne molida, 1 cucharadita de sal y ½ cucharadita de pimienta. Mezcle para combinar y forme 12 hamburguesas del mismo tamaño con la mezcla. Coloque las hamburguesas formadas en una bandeja para hornear forrada y refrigere.
c) Calienta 1 cucharada de aceite de aguacate y el ghee en una sartén grande de hierro fundido a fuego medio-bajo.
d) Agrega las cebollas en rodajas finas a la sartén y déjalas cocinar, revolviendo ocasionalmente, hasta que se doren ligeramente y se caramelicen, lo que tomará entre 15 y 20 minutos.
e) Cuando las cebollas estén cocidas, apaga el fuego y agrega el ajo picado. Retire la mezcla de cebolla de la sartén y déjala enfriar por completo.
f) Saque las hamburguesas del refrigerador y sazone el exterior de cada hamburguesa con la sal, la pimienta, el ajo en polvo y el pimentón restantes.

g) Coloque aproximadamente 1 cucharada de la mezcla de cebolla caramelizada en el centro de 6 de las hamburguesas. Luego, usa las otras 6 hamburguesas para cubrir las cebollas, formando hamburguesas de tamaño completo con las cebollas por dentro.
h) Agrega la cucharada restante de aceite de aguacate a la sartén de hierro fundido y caliéntala a fuego medio-alto.
i) Una vez que el aceite esté caliente, coloca las hamburguesas rellenas en la sartén y cocínalas por cada lado durante 4 minutos.
j) Transfiera la sartén al horno precalentado para terminar de cocinar. Cocine hasta el nivel deseado de cocción. A fuego medio, cocine durante unos 5 minutos en el horno. Ajusta el tiempo para hamburguesas medianas o bien hechas según tu preferencia.
k) Retire la sartén del horno y sus hamburguesas rellenas de cebolla caramelizada estarán listas para servir. ¡Disfrutar!

CONCLUSIÓN

Al concluir nuestro viaje a través de "El arte de la hamburguesa", esperamos que se haya inspirado para elevar la comida favorita de Estados Unidos a la perfección y dar rienda suelta a su creatividad en la cocina. Ya sea que esté organizando una barbacoa en el patio trasero, planificando una cena informal o simplemente deseando una deliciosa hamburguesa para el almuerzo, en estas páginas hay algo para que todos disfruten.

A medida que continúe experimentando con diferentes ingredientes, sabores y aderezos, cada hamburguesa que prepare puede brindarle alegría y satisfacción. Ya sea que esté cocinando para usted, su familia o sus amigos, que la experiencia de elaborar y saborear estas deliciosas creaciones cree recuerdos preciados y una a las personas alrededor de la mesa.

Gracias por acompañarnos en este sabroso viaje a través del arte de la hamburguesa. Que tu cocina se llene del chisporroteo de las hamburguesas asadas, el aroma de los bollos recién horneados y la risa de las comidas compartidas. Hasta que nos volvamos a encontrar, ¡feliz hamburguesa y buen provecho!

www.ingramcontent.com/pod-product-compliance
Lightning Source LLC
Chambersburg PA
CBHW070648120526
44590CB00013BA/870